JULES JANIN

CORRESPONDANCE

PUBLIÉE AVEC LE CONCOURS

DE M. CLÉMENT JANIN

PARIS

LIBRAIRIE DES BIBLIOPHILES

Rue Saint-Honoré, 338

M DCCC LXXVII

ŒUVRES DIVERSES DE JULES JANIN

PUBLIÉES SOUS LA DIRECTION

DE M. ALBERT DE LA FIZELIÈRE

X

CORRESPONDANCE

Il a été fait un tirage d'amateurs, ainsi composé :

300 exemplaires sur papier de Hollande (Nos 51 à 350).
 25   —   sur papier de Chine (Nos 1 à 25).
 25   —   sur papier Whatman (Nos 26 à 50).
―――
350 exemplaires, numérotés au tome 1er de la collection.

Tous les exemplaires de ce tirage sont ornés d'une GRAVURE A L'EAU-FORTE DE M. ED. HÉDOUIN.

CORRESPONDANCE

A M. Alexandre Laplace[1], *à Dax.*

17 septembre 1824.

Mon ami,

Je suis revenu hier à onze heures. La cour des Tuileries était encombrée, des courriers partaient. Le roi était mort, au moins on le dit ce matin, et le bourdon sonne. Au total, c'est dommage : un homme qui savait si bien son Horace ne devrait pas mourir si vite.

Voilà ma vie, mon ami; à cela ajoute une classe de rhétorique que j'ai faite pendant trois

---

1. M. A. Laplace, ami et condisciple de J. Janin, devenu depuis doyen de la Faculté de droit de Dijon.

semaines à Sainte-Barbe avec assez de succès. Mes élèves avaient l'air de m'écouter; leurs devoirs étaient fort soignés. J'ai corrigé les versions grecques avec audace, le mot à mot était de mon secret; bref, j'y ai mis de l'amour-propre, et cela m'a réussi. J'ai été content de cette épreuve. Il y a eu à ce sujet une petite altercation entre Boitard[1] et moi. Il m'avait remis sa classe sans condition; mais, voyant qu'il ne partait pas chez le comte Daru, il a voulu la reprendre, et il y avait déjà huit jours que j'avais commencé. Je lui dis que j'étais prêt à la rendre, mais que je lui faisais observer qu'il n'était pourtant pas juste que je me fusse engagé et que lui ne le fût pas. Il réfléchit sans doute, car il ne m'a plus parlé de cela. Si tu eusses été présent, tu aurais été notre arbitre; cependant j'aime à croire que tu m'approuveras.

Quand reviendras-tu, mon ami? quand recommencerons-nous cette vie douce et sans agitation qui me convient plus qu'à tout autre, et dont je sens mieux le prix depuis les inquiétudes que j'ai éprouvées? Vive le droit! A propos, ton serviteur a eu trois boules blanches avec MM. Ducaurroy,

---

1. Boitard, autre condisciple de J. Janin et frère du naturaliste. Celui-ci mourut jeune et au moment où son nom était déjà devenu célèbre.

Demante et je ne sais qui. Ce que c'est que l'exemple! En vérité, j'en ai besoin, et, à présent que je suis seul, je ne sais comment me conduire. Du reste, je travaille. J'ai commencé un petit livre *en prose* qui pourra m'envoyer en prison, mais où il y aura de l'esprit qui, je l'espère, sera tout neuf. Avec cela, M. Cadet[1] vient presque tous les matins travailler ici, et je puis dire sans vanité que sur deux pages qu'il écrit j'en dicte deux. Au reste, c'est un brave homme, savant, et qui m'aime beaucoup.

Et sur ce, Monsieur le plaisant, je me rappelle une ironie de votre lettre sur mon prix de Lyon. Eh bien! vous saurez que l'Académie a décidé, vu la médiocrité des pièces, qu'elle ne donnerait pas de prix cette année. Or nous savons de bonne part que notre pièce, qui, selon les règlements, n'a pu être lue que *in petto*, a un peu influencé cette honorable décision. Il est vrai aussi de dire que nous avons quelques amis à la ville; mais qu'importe? J'ai un an pour revoir et lécher ce joli enfant, qui certes sera lauréat, — comme l'était son père.

Telles sont les nouvelles littéraires. Tous les théâtres sont fermés. Je devais partir aujourd'hui

---

1. M. Cadet, de Metz, qui préparait des ouvrages sur l'*Importance de la Corse* et sur les *Noms symboliques*.

même pour Montfermeil[1], mais j'ai une envie de savoir quel est l'état d'une ville après la mort de son roi, et je reste. M'est avis que je ferai de bonnes observations.

Nos camarades vont bien...

Il y a quelqu'un qui parle toujours de toi et demande incessamment : « Quand reviendra-t-il ? et dis-lui mille choses de ma part, et que je suis sensible à son souvenir, etc. » Ce quelqu'un, c'est une tante qui se porte bien, Dieu merci, parfois grondeuse; mais depuis quelque temps j'ai un si mauvais caractère qu'il peut se faire qu'elle ait raison.

Adieu, ami Laplace. Écris-moi un petit mot, n'importe. Où es-tu ? que fais-tu ? où vas-tu ? quand reviendras-tu surtout ? car c'est là l'important, et jusque-là je n'aurai guère de plaisir.

Ne fais pas de connaissance ! comme dit l'autre; reviens tranquillement sur nos bancs moraliser ou déraisonner comme de coutume. Vois-tu, plus nous irons, et plus nous comprendrons qu'il n'y a rien au monde qui vaille l'amitié. Je t'embrasse de tout mon cœur.

A toi.

---

[1]. Chez M. l'abbé Guillon, aumônier du collège Louis-le-Grand, et qui devint plus tard évêque du Maroc.

*A M. Sébastien Janin, élève du Collége royal,
à Lyon.*

Paris, 25 février 1825.

Frère,

Puisque ainsi je suis un paresseux à ton égard, quoique à dire vrai je t'aime en frère, je veux une fois t'écrire sans avoir fait réflexion aucune, et laissant de côté mon poëme, mon code, un article de journal commencé, et mille autres conceptions de la même force!

Je prends donc la plume pour écrire à ta bénévole et je dirai à ton indulgente fraternité.

Que le dieu des discours latins, des vers et du grec te conserve toujours sous sa sauvegarde! Mais pour ce, qu'il te souvienne que pour te rendre le dieu propice, le *Conciones* doit être ton livre d'heures, Horace ou Virgile ton psautier, et la grammaire de Burnouf ton catéchisme. Avec cela, des prières longues et ferventes, une assiduité de bigot, le front courbé et pensif, de la foi, de l'espérance, peu de charité, et au grand jour de la Pentecôte scolastique l'auréole de gloire, l'insigne de l'esprit, descendra sur ton noble front sous la forme d'une couronne de laurier ou de chêne, ou de tout ce qu'il plaira à monseigneur l'économe dudit collége de Lyon. Bref, et pour nous résumer, *Conciones*, Virgile et Burnouf, c'est en trois mots tous les conseils que peut te donner mon expérience doctorale, laquelle, Dieu merci, je saurais mettre à profit au moindre commandement. Et j'eusse voulu que vous fussiez à même d'en profiter, mons le rhétoricien ; vous auriez vu beau jeu : *sed fortuna negavit*...

Du reste, je vois avec grand plaisir que tu tiens un bon rang dans ta classe. Cela était important cette année plus que toutes les autres, et la famille a des remercîments à t'adresser pour cela. Courage, et tout ira bien ! Pour moi, qui fais le Mentor, je ne sais trop à quel titre [1], je dois me rendre cette justice : c'est que depuis le matin, c'est-à-dire depuis sept heures jusqu'à minuit, je ne suis pas un instant oisif, si ce n'est une heure pour déjeuner et une heure pour dîner, et pourtant je ne suis pas très-content de moi, par la raison que mon travail ne brille guère par l'unité, qualité essentielle qu'il est impossible de remplacer ; parce que mille ennuis de toutes les façons, mille genres d'écrits, viennent à chaque instant me distraire de mon occupation principale : le droit, — le droit, ma planche de salut au milieu de l'océan

---

[1] J. Janin était sorti de Louis-le-Grand le 30 septembre 1823.

orageux de ce monde; parce qu'enfin, depuis un mois ou deux, je me suis laissé entraîner aux vanités de la terre, et que je me suis même agenouillé devant la fille de Babylone : *Filia Babylonis misera!*

Mais, Ματαιότης ματαιοτήτων καὶ πάντα ματαιότης, comme dit l'autre; et à présent la quarantaine sera fine si elle me voit m'accorder le plus petit plaisir, excepté pourtant la lettre que je t'écris. Je vais m'ensevelir dans le traité des *Obligations*, qui n'est guère plus amusant que le discours de ce héros de l'antiquité que tu faisais parler à tort et à travers hier peut-être, ou qui, dans ce moment-ci, est arrêté au milieu d'une période toute cicéronienne ou d'une tirade de vers virgiliens, — tout cela pour te dire et te prouver qu'il ne faut pas te trouver mal où tu es, parce que partout, pour qui veut et doit travailler, il y a peine, ennui, dégoût, et aussi plaisir, amusement, espoir : de sorte que le système des compensations est vrai à Paris comme à Lyon, pour toi comme pour moi; que tu es bien et moi aussi, et que nous serons mieux quand nous serons bien ensemble, ce qui ne sera pas difficile à faire, pourvu que tu apprennes bien le latin et le grec. Entends-tu? le grec! C'est là-dessus que je bâtis ton existence parisienne.

Si avec cela tu peux apprendre à écrire correctement et facilement ta langue, il n'y aura pas de mal : car, vois-tu bien, bien des choses sortent d'une plume qu'on sait manier avec esprit et talent ; mais je te démontrerai tous les secrets du métier quand le temps sera venu. En attendant, fais comme les jeunes filles de l'Évangile, tiens tes reins ceints et ta lampe allumée, afin que, quand l'époux viendra, il ne te surprenne pas sans robe nuptiale et dans les ténèbres, ce qui serait très-mal fait.

Notre bonne tante a été bien étonnée et bien mécontente de voir que Mme Verdun ne t'avait pas donné signe de vie lors de son retour à Lyon. Cela est d'autant plus mal que tant qu'elle a été à Paris j'ai été aux petits soins pour elle. Demande-lui, pour t'amuser, les *Contes d'un Voyageur*[1], et tu m'en diras de bonnes nouvelles. Voilà tout ce que j'ai fait imprimer cette année, dans ce format s'entend, car j'ai bien encore quelques peccadilles littéraires à me reprocher ; mais tout cela ne vaut pas un *mea culpa*. Je ne veux débuter et mettre mon nom à aucun frontispice que par quelque chose de bon, ce qui me reporte encore à

---

1. Deux volumes in-12, traduits de l'anglais par Mme ***. Cet aveu de paternité nous apprend que J. Janin avait sans doute mis en beau langage la traduction littérale de Mme ***.

trois ou quatre ans. En attendant, je suis à la page.

J'avais entrepris, en revanche, de faire de la *Biographie universelle;* mais, outre que le travail était fastidieux et m'écartait de mon droit, l'entrepreneur de l'ouvrage, en sa qualité de libraire, ne paye pas, et voilà cent francs qu'il me doit, dont nous aurions besoin et dont je ne touche pas le premier sou. J'ai donc planté là l'ouvrage jusqu'à ce que je sois payé, et alors j'en referai si besoin est ; mais il faudra qu'il y soit bien.

Au demeurant, j'espère être chargé par Panckoucke de lui faire la traduction de Stace et Claudien, qui doit entrer dans sa *Collection des Classiques* (100 volumes), et alors je mettrai mon nom à ce travail, qui me sera plus profitable du côté de l'esprit que de la bourse, mais qui cependant de ce côté-là même n'est pas ingrat. Voilà tout, si ce n'est un peu d'histoire de France que je ne sais pas, à l'instar de tous ceux qui sortent de leur collége, où on leur a tout appris, excepté l'histoire de leur pays.

Si par hasard le *Courrier des Théâtres* se trouvait à Lyon, je te recommande le numéro du mardi seulement. Tu y verras la leçon de M. Villemain, dont je rends compte très-exactement, et tu pourras te faire une idée de ma manière. Au reste, ces résumés seront imprimés à la fin de l'année, et d'ailleurs je te les garde à mesure qu'ils paraissent. Pour le dire en passant, c'est dans cette même feuille que j'avais parlé des tableaux de l'école de Lyon, où M. Petit-Jean ne manquait pas d'éloges, et vous aurez confondu notre *Courrier* avec tous les *Courriers* qui paraissent chaque jour.

Il est encore un très-bon journal qui a nom *le Globe*, dont la lecture te serait bien utile, et que j'aurais peut-être pouvoir de t'envoyer, n'étaient les frais de poste et le *veto* de votre consigne.

De fait, tout cela te distrairait de ton grec et de ton latin, et j'en serais bien fâché, car c'est là que gît mon espérance pour toi. Travaille donc, et puis il se pourra que tous les deux nous sortions de peine avec cela, aidés par notre père et notre mère, si bons tous deux. Je n'ai crainte à présent que de cette maudite conscription, dont on ne me parle pas et qui pourrait me faire bien du tort. Au reste, quoi qu'il arrive, ils ne feront jamais de moi un César ou un Bonaparte; ils en feront tout au plus

Un de ces cent mille Alexandres
Payés à quatre sous par jour,

ce dont le bon Dieu les préserve, et moi aussi. *Amen.*

Tu me parles tant de la musique que j'aurais mauvais air de ne t'en rien dire. C'est, à mon avis, une grande frivolité, qui ne mène à rien et fait perdre bien du temps et de l'argent; mais c'est une passion comme une autre, et, en fait de passion, je sais par expérience que tous les sermons sont inutiles. Je ne t'en ferai donc point, et même je te dirai que Bédard est un bon maître, dont la méthode est estimable et vaut autant que toutes celles dont on se sert aujourd'hui, si ce n'est pourtant le *méloplaste*, une des meilleures manières de former des musiciens. Puisque tu as commencé, je t'engage à continuer avec zèle, à voir beaucoup de musique surtout, et à ne pas t'habituer à fredonner et à accompagner toujours les mêmes airs. Cela dégénère en habitude, et l'on n'a plus qu'une corde à sa lyre, puisque lyre il y a. Dis aussi à Bédard de ne pas te faire toujours chanter de sa musique. Quoiqu'il fasse parfois quelques phrases très-jolies, le bonhomme a le malheur d'avoir beaucoup de réminiscences, espèces de chevilles musicales comme tu en trouves dans le *Gradus*, qu'il vous place à tout bout de champ.

Adieu, mon ami. A la prochaine!

Tout à toi.

P. S. Notre bonne tante se porte assez bien,

si ce n'est son bras, qui la fait souffrir beaucoup. Elle t'embrasse de tout son cœur et me charge de te dire tout ce qu'il y a de plus affectueux.

Si tu as le bonheur d'embrasser maman à Lyon, présente-lui bien mes respects et dis-lui que je te porte envie, mais qu'un beau jour je la prierai de prendre les ailes maternelles et de venir voir son féal et aimé chevalier. Chacun son tour.

M. Casimir Delavigne est nommé d'hier membre de l'Académie française, si cela t'intéresse. As-tu lu les *Messéniennes?* as-tu lu les *Méditations poétiques* de M. de Lamartine?

Un bon livre, c'est l'*Histoire de France* de Mézeray. Demande-la à M. Rousseau[1]. Cela vaut mieux que tous les voyages du monde, que tous les *Cours de littérature*, qui n'apprennent rien, en un mot, que tout La Harpe, de précieuse et superficielle et monotone mémoire.

Un bon livre encore, c'est l'*Agricola* de Tacite, et le deuxième livre de l'*Énéide* et l'*Art poétique* de Boileau.

Je n'en finirais pas... Adieu.

Mon Sébastien, d'après la lettre ci-jointe, tu verras bien que j'ai pensé à toi il y a longtemps, et que si tu n'as pas reçu de mes nouvelles *la*

---

1. Principal du collége de Lyon.

faute en est aux dieux, avares d'occasions. En voici donc une. Fais-moi le plaisir d'écrire un petit mot à Mme Verdun de ma part, ou bien, ce qui vaudrait mieux, de l'avertir, au premier jour de sortie, que j'ai envoyé aujourd'hui même (dimanche 26) à l'Académie de Lyon un poëme que je trouve assez bien, et dont tu trouveras l'épigraphe dans ton Horace (lib. II, od. 1) : *Quis non Latino*, et toute la strophe. Il sera bon de la lui indiquer, mais seulement dans trois semaines[1].

Il y a trois mois que je n'ai reçu de nouvelles de Condrieu. Je relève d'une maladie assez grave (le *croup*) qui m'a tenu au lit cinq semaines, et le travail forcé que je viens de faire m'a donné une fièvre terrible. Adieu, mon ami.

Mes respectueux hommages à Mme Guillou, je t'en prie. Si j'ai le bonheur de la voir ces vacances,

Je la verrai vainqueur et couronné!

26 juin 1825.

---

1. Ce poëme avait pour titre *le Siége de Lyon*. M. Joséphin Soulary l'a retrouvé dans un recueil de manuscrits qui appartient à la bibliothèque du Palais des Arts, de Lyon.

L'Académie décerna un prix *ex æquo* à MM. A. Bignan, de Lyon, et Coignet, de Saint-Chamond.

A Mademoiselle Camille Colonjon,
à Saint-Pierre-de-Bœuf.

1er décembre 1834.

Tu as bien raison, petite cousine, de me dire que j'aime toujours ce charmant village de Bœuf! C'est une passion qui est là dans mon cœur. Je n'ai jamais rien vu de plus riant, de plus calme, de plus éclairé par le soleil. Que je serais heureux si je pouvais rester à Bœuf toute une année à ne rien faire, à me reposer, à m'étaler dans les saulées! Et, si j'étais le maître, comme j'irais encore demander à ta mère et à toi cette petite chambre où vous m'avez donné une si bonne hospitalité quand je revins de Tournon, honteusement chassé pour avoir cassé des assiettes[1]! Hélas! cette pauvre Cécile vivait en-

---

1. Avant d'être renvoyé du collége de Tournon, J. Janin avait été renvoyé de celui de Lyon. Voici dans quelles circonstances :

« Les élèves se rendaient au cours de dessin et d'écriture, quand certains de leurs camarades, allant se faire confirmer, traversent leurs rangs. L'un d'eux marche sur les pieds de Jules, qui lui applique un soufflet :

« Tiens! dit-il, voici en attendant la confirmation de l'évêque. »

« On fit de cela une attaque à la religion et on le renvoya du collége. »

core, et mes parents vivaient aussi, et nous étions là tous réunis, passant notre vie tant bien que mal, riches et pauvres, mais toujours heureux. Oh! c'était une belle vie, dont tous les détails sont présents à ma pensée, d'autant plus que je l'ai perdue depuis longtemps. Mais toi, la sage et la bonne, tu es restée dans ton petit coin, fermant les yeux à tous ceux qui meurent, prenant soin de ta mère et même pensant à ton pauvre cousin Jules! Je te remercie et je t'embrasse de tout mon cœur.

A M. A. Laplace.

31 décembre 1834.

Bonjour, mon ami !

QUELLE misère que nous autres, toi et moi, *pene gemelli*, nous restions des vingt-cinq ans sans nous voir ! J'y songe souvent, je me rappelle notre belle jeunesse si pauvre, si heureuse, quand je ne te quittais guère plus qu'un jeune chien. Et puis, tout d'un coup, plus rien !.. Il faut donc que le droit et les lettres soient séparés par un immense abîme !

Il y a de quoi pleurer de rage quand on se dit : « Il lui serait si facile de venir à moi, de grimper mes six étages à toute heure de la nuit et du jour, de retrouver ses vieux camarades réunis, de parler du passé, puisque déjà nous avons un passé! Ma maison lui est ouverte comme mon cœur! Je n'ai ni femme ni enfant qui le puissent gêner. Presque autant que lui je travaille, et je l'aime de tout mon cœur. »

Là, voyons, qui t'empêche de venir? N'es-tu pas grave depuis assez longtemps? me crois-tu aussi frivole que j'en ai l'air? n'es-tu pas touché souvent quand tu apprends combien j'ai dû travailler pour accomplir ma tâche? n'as-tu donc plus de souvenirs? penses-tu qu'il y ait un homme que j'aime plus que toi en ce monde, que je doive aimer davantage? et ne cesseras-tu pas de me jeter ta carte une fois chaque année, comme si j'étais M. Ducaurroy?

Bonjour, frère. Moi, je te dis bonjour du fond de l'âme et je t'envoie un souvenir que tu ne liras pas.

A toi.

À Madame Colonjon, à Saint-Pierre-de-Bœuf.

Paris, 27 avril 1836.

Chère tante,

Votre dernière lettre est triste ; vous n'êtes occupée que d'objets lugubres. Ces idées de mort et de cimetière sont bien faites pour vous montrer la vie sous son mauvais jour. Croyez que je partage bien tous vos chagrins, et, en effet, moi qui devrais être un peu plus raisonnable que vous, je n'approuve guère ces bouleversements de sépultures. Je trouve que cela est dur et cruel de dire aux enfants : « Vous ne serez pas enterrés à côté de vos pères ! »

Ce calme cimetière de Saint-Pierre-de-Bœuf, où nous passions le dimanche pour aller à l'église, je le vois encore comme si c'était hier ; je vois la place où repose notre vieille et bonne grand'-mère, devant la porte de l'église, en entrant, dans un petit coin exposé au soleil. Je me rappelle encore le jour où nous accompagnions mon excellent oncle Colonjon à son dernier asile. Il est endormi de l'autre côté de l'église. Honnête homme, si digne de tous les souvenirs et de tous les respects ! Hélas ! il n'y a pas seulement pour nous des vieillards dans ce coin de terre! il y a encore des enfants, il y a Gabriel, il y a Victorine! Moi, je sais les noms de tous ceux qui reposent dans ce champ funèbre. Et, vous avez raison, il faut tenir à ces tristes et saints souvenirs; il faut pleurer quand on les perd; il faut défendre son dernier coin de terre qu'on s'était choisi à soi-même, afin d'y reposer un jour auprès des objets qui nous furent chers.

Et pourtant, comment faire? comment se défendre? comment ne pas obéir à la force? comment se battre contre le gendarme qui viendra saisir le cadavre, comme il ferait d'un malfaiteur, et qui le transportera, bon gré, mal gré, dans le trou désigné par le préfet? Je ne vois à cela nul remède, ma pauvre tante; je ne sais comment porter secours à nos morts, qui nous abandonnent tous et qui vont rester seuls jusqu'au dernier jour! Encore une fois, je ne suis rien qu'une voix perdue, et j'ai bien peur que toutes les réclamations soient inutiles. C'est une si ridicule, mais aussi c'est une si inébranlable volonté, celle d'un préfet soutenu par deux gendarmes et un commissaire! Toutes les larmes, toutes les plaintes, toutes les prières, tous les efforts de ces nobles filles de Saint-Pierre-de-Bœuf qui font l'office de fossoyeurs pour enterrer la nuit une de leurs compagnes, qu'est-ce que tout cela ? que sont nos morts et les ossements de nos pères, et notre propre dépouille mortelle, contre un préfet qui a dit : « Je veux » ?

Et vous, ma tante, je vous en prie, soyez plus calme. Voilà bien longtemps que vous avez d'horribles secousses. Le malheur ne vous a pas épargnée : que de pertes vous avez faites ! Mais moi, j'ai tout perdu aussi : mon père, ma mère, ma vieille tante, qui était mon amour ! Je suis resté seul, et il est probable que je mourrai seul; et alors que ne donnerais-je pas pour être enterré seulement à Chavanay ?

Je ne sais pas encore ce que je ferai cet été. J'ai depuis longtemps le projet d'aller passer un mois ou deux en Italie. En ce cas, je passerai bien certainement par vos domaines, et j'irai vous demander au moins pour huit jours la petite chambre que vous m'avez si souvent donnée. Hélas ! cette joyeuse petite chambre m'a vu plus jeune, mais elle ne m'a pas vu plus dévoué à vous, ma tante, et vous aimant plus que je ne fais !

A M. le docteur F. Michalowski,
à Saint-Étienne.

5 avril 1837.

Il me semble, mon ami, que pour un homme ignorant des choses de ce monde vous ne débutez pas mal à Saint-Étienne. Vous êtes heureux! Vous avez fait tout d'abord la connaissance de Mme Gérentet, et moi, qui l'ai connue enfant, il y a vingt ans que j'ai vainement cherché à la revoir. C'était en effet une aimable personne; elle était gaie et bonne, et il me semble que je la vois encore parcourir en chantant la maison assez triste où nous étions élevés. Sa mère était une femme d'un très-grand mérite. Elle avait, non loin de la ville, une maison de campagne dans laquelle il y avait des arbres (chose rare), et (chose plus rare) ces arbres donnaient de l'ombre. Nous allions quelquefois à cet Éden, et le souvenir de cette immense joie me fait battre le cœur.

En vérité, je voudrais être à votre place, et je changerais volontiers mes beaux salons, et mes beaux meubles, et mes tableaux, et mes gravures, et mes livres, et tout mon palais, pour cette petite chambre où vous êtes, si j'y devais retrouver ma mère, ne fût-ce qu'une heure. Elle embellissait si bien toute cette maison de sa gaieté inaltérable et de toute la sérénité de son âme! elle était si vive, et si bonne, et si courageuse! Nous avions là un petit nid bien humble, mais bien heureux. Mon père était jeune, et beau, et spirituel, mais d'une imagination vagabonde qui lui faisait négliger toutes les petites affaires qui auraient dû faire sa fortune. A présent, je ne fais qu'un vœu : c'est que vous restiez dans cette maison jusqu'au jour où j'irai à Saint-Étienne. Alors je vous prierai de me prêter votre chambre et de m'y laisser tout seul une nuit et un jour. Peut-être y verrai-je l'ombre souriante de ma mère.

Bonjour, mon ami Félix. Ayez bon espoir, et croyez-moi, de près ou de loin, votre ami.

A M. Eissautier, à Marseille.

22 novembre 1837.

Vous avez bien fait, mon cher camarade, de vous souvenir de votre condisciple indigne, et votre lettre m'a fait passer un bon quart d'heure de ma bonne et belle enfance.

Mais quelle heureuse mémoire vous avez là! Figurez-vous que depuis six mois je cherchais le nom de M. Peillon, sans avoir pu trouver autre chose que *Juyon*, et à grand'peine encore! Quant à Mᵐᵉ Sénéchal, j'aurais donné mon plus beau volume pour m'en être si bien souvenu. Je la vois encore, mais son diable de nom m'avait échappé..

Il faut, en vérité, que j'aie vécu plus vite que vous, et que vous soyez demeuré bien jeune pendant que je vieillissais à bride abattue. Donc, grâce à vous, je suis rentré un instant dans le petit collége par cette petite porte cachée sous le cloître en arcades, dans ce jardin qui se terminait par une mare plus belle que les jets d'eau des Tuileries. Hélas! si vous saviez ce qu'on a fait du beau jardin!.. Une grande route! — Et de la mare? La mare s'est en allée en nuages; il n'y a même plus ces vieux tilleuls que nous aimions tant. Tout passe... M. Poupar a bien passé!

Merci donc de votre bon souvenir. Quant à m'occuper de votre affaire, ne doutez pas de toute ma bonne volonté, je vous prie; mais si vous saviez que je vis loin des puissances du monde! Quand un de mes amis me quitte pour aller à la Chambre des députés, à la Chambre des pairs, au ministère, je ne le revois plus que dans la rue, quand il passe, ou quand il revient de son ministère pour n'y plus rentrer. Il n'y a qu'aux contributions indirectes qu'on se souvienne des condisciples! Cependant je vais me mettre en quête...

Croyez-moi votre ami.

A M. Lucas de Montigny.

1840.

Mon maître,

Je n'ai jamais oublié qu'un beau jour, sans me connaître, il y a déjà dix-sept à dix-huit ans (hélas!), me voyant tout nu et blanc comme un poulet qui n'a pas encore passé à l'état de coq, vous m'avez fait renvoyer comme indigne de porter les armes pour mon pays, à preuve que je suis caporal de grenadiers de la garde nationale (11ᵉ légion).

Maintenant, je vous prie et je vous supplie humblement pour un pauvre conscrit nommé Charles Giraud, un gaillard qui ferait un beau soldat et que je n'ai pas vu tout nu. Mais ce pauvre diable vient de faire un long voyage autour du monde; il arrive du Spitzberg. Il était le dessinateur de la *Recherche;* il a suivi dans tous leurs travaux MM. Favre, capitaine de la corvette, et Gaymard, président de la commission scientifique. Il est revenu de là tout chargé de dessins qu'il faut publier. Il est le frère et l'élève de notre ami à tous, Eugène Giraud, le meilleur garçon du monde... Et pensez combien cela serait dur, après une grande année de navigation pour le service de l'État, au milieu de nos études, au plus fort de nos travaux, sans compter qu'il y a là une vieille mère qui pleure ! — Ou bien, s'il faut un remplaçant, nous sommes ruinés pour six mois [1]...

A M. le docteur F. Michalowski.

7 août 1840.

Mon cher ami,

GRAND merci de votre bonne lettre, et, que diable ! puisque vous avez ces grands succès bien mérités, tenez-vous-y. Que veulent dire ces découragements et ces spasmes de l'âme ? Êtes-vous donc un homme ? Et, *si quid in Flacco viri est* [2], devez-vous tant vous inquiéter des jaloux, des envieux, des meurt-

---

1. Extraite du catalogue de la collection de lettres autographes de feu Lucas de Montigny. — Paris, 1860.
2. Hor., épod., XV, 12.

de-faim qui vous entourent? Poule mouillée que vous êtes de vous chagriner de ces misères, comme si vous ne m'aviez pas, sous vos yeux, tout entouré que je suis de clameurs de toutes sortes! Mais non, monsieur changerait toute sa clientèle et toute sa science, et même tout ce qu'il ne sait pas, contre un bureau de tabac. Ce n'est pas moi, croyez-le bien, qui vous dirai : « A vos souhaits! »

Vous avez bien fait d'appeler votre oncle à vous. C'est l'Évangile qui l'a dit : *Il n'est pas bon que l'homme soit seul*, et, à vous deux, vous vous consolerez, vous vous protégerez et vous vous aimerez. C'est toujours autant de gagné sur la misère de chaque jour. On a beau dire que la vie est courte, la vie est longue pour ceux qui travaillent, pour ceux qui gagnent leur vie, pour ceux qui accomplissent les austérités du devoir, pour ceux surtout qui sont les exilés et les proscrits.

Bonjour donc, et courage! Je vous dirai en toute confidence que vous me verrez dans un mois d'ici à Saint-Étienne, avec mon domestique et mon chien. J'espère bien ne rester que quelques jours dans cette ville de fumée où l'argent est la grande affaire; mais cependant je serai fort heureux de fumer avec vous le calumet de l'amitié.

Bonjour, cher Félix, et rendez, je vous prie, à votre digne oncle amitié pour amitié.

Moi, je vous serre la main de tout mon cœur.

Je pars demain pour le Havre, où je vais prendre quelques bains de mer. De là j'irai à Saint-Étienne, de Saint-Étienne dans ma maison de Lucques[1], et puis, fouette cocher ! à Paris ! à Paris ! — dans le ciel !

A Madame Annette Lefort.

22 mai 1841.

Mademoiselle,

ET pourquoi me priver de ces bonnes et douces récompenses qui m'arrivent si rarement ? Croyez-vous donc que ce rude métier de la critique serait tenable si de temps à autre quelque voix bienveillante ne se faisait entendre à notre oreille, si quelque belle petite main ne nous était tendue pour nous encourager dans notre carrière semée de tant de ronces et d'épines ? Il me semble donc que vous avez eu bien tort de tant tarder, et que maintenant vous devez être heureuse d'avoir accompli une bonne

---

1. C'est la villa que Jules Janin gagna en loterie, et dont la presse satirique fit tant de bruit à cette époque.

action, surtout si vous pouviez savoir combien je suis peu porté à m'enorgueillir de ces chères sympathies que j'ai rencontrées sur mon chemin. Je les accepte comme elles me viennent, simplement, honnêtement, en toute reconnaissance, mais aussi en toute modestie.

Donc, soyez louée et soyez bénie comme il convient. D'ailleurs, puisque votre frère était mon lecteur, puisque M. l'abbé Cambot est votre ami, je ne suis pas un étranger pour vous. Ce pauvre abbé! je vois encore son épouvante au nom d'Éliçabide! Et si notre ami a été nommé aumônier du collége de Nancy, c'est que j'ai été prier et supplier le ministre. On avait été si cruel pour lui au collége de Pau! Mais savez-vous, Mademoiselle, quel est le meilleur ami de votre abbé? C'est tout simplement un brave garçon nommé Louis, que le sort a fait mon valet de chambre, et qui, voyant son compatriote seul à Paris, sans protection, sans défenseur, accablé par toute la méchanceté de son proviseur, me l'a conduit par la main. Et voilà comment (tant les bonnes œuvres ont leur récompense!) je me trouve, ou peu s'en faut, votre ami!

Encore une fois, merci de votre lettre, de votre bonté, de votre aimable parole, de votre élégant esprit, de votre doux style, de votre honorable sympathie. Quand M. l'abbé Cambot sera à Paris, je le prierai de vous donner la main, ou plutôt de me conduire près de vous. Alors vous me raconterez cette belle histoire que vous n'osez pas écrire, et que pourtant vous écririez si bien.

Agréez, Mademoiselle, toutes mes obéissances et tous mes respects.

A Madame Annette Lefort.

10 juin 1841.

Madame,

Je suis bien heureux que vous ne soyez pas une demoiselle. Ce titre-là mettait une trop grande distance entre vous et moi. Nous voici donc tout naturellement rapprochés l'un de l'autre. Je serai moins gêné avec vous, et vous aurez moins peur de moi. A la bonne heure! Mais cependant, si je me suis trompé tout d'abord, c'est qu'il y avait dans votre lettre tant de grâce, de modestie et de candeur, que, ma foi! un plus habile s'y serait trompé. Donc, je ne vous demande pas pardon de mon erreur.

Pour vous obéir tout de suite, j'écris une petite lettre à l'abbé Cambot. Voilà comment la plus petite bonne action a sa récompense! Qui m'eût dit, lorsque ce digne homme venait chez moi, chez moi, profane, tout éploré, et lorsque je lui tendais une main amie, qu'il me donnerait, en revanche, l'amitié d'une personne comme vous? Aussi vous pouvez penser si je suis tout dévoué à l'abbé Cambot! Bien plus, si vous continuez à être bonne comme une mère, c'est-à-dire comme vous l'êtes, on pourra d'ici à six mois vous rendre votre abbé Cambot (vous l'aurez pour vos étrennes). On vous l'aurait même demandé tout de suite, car comment vous refuser? Mais, n'êtes-vous pas de mon avis? il faut que l'aumônier du collége de Nancy reste au moins toute une année à son poste. On ne peut se mettre à deux pour enseigner le catéchisme aux enfants. La tâche commencée, il faut l'accomplir, ce me semble. N'êtes-vous pas bien de mon avis?

Quant à votre accusation contre ce *Journal des Femmes*, vous avez grandement raison de vous plaindre; mais aussi comment pouvez-vous croire que j'irai me mêler à ces abominables bas-bleus tout troués et tout tachés d'encre? Je ne savais même pas qu'il y eût un journal intitulé : *le Journal des Femmes*. Quant à prendre mon nom, le prend qui veut. On met cela sur un prospectus qui ne coûte rien, et ça peut prendre quelques belles âmes qui ont adopté l'écrivain; seulement, en ce cas-là, je suis obligé de *rendre l'argent*, comme dit Mᵉ Chicaneau dans *les Plaideurs*, et c'est ce que je ferai avant peu. J'ai un livre sous presse ; j'aurai l'honneur de vous l'envoyer, et nous serons quittes. Ne dites pas seulement que je vous ai payée en monnaie de singe !

Bonjour, bonjour, MADAME (je suis votre ami), et non *Mademoiselle ;* agréez la nouvelle assurance de mon respectueux dévouement.

A M. Arsène Houssaye.

20 juin 1841.

Mon cher ami,

Vous entendrez demain, à l'examen du Conservatoire, une jeune personne intitulée *Rachel*, qui meurt d'envie d'être un jour une grande comédienne. Elle est jolie et timide ; elle a peur. Il la faut écouter doucement, avec bienveillance, et l'encourager de bonnes paroles. Alors vous verrez ce qu'elle peut faire. Je vous la recommande très-énergiquement. Soyez très-bon, propice et favorable. Elle mérite toutes vos sympathies, et je crois bien qu'un très-célèbre talent est en germe dans ce jeune esprit-là.

Votre grand ami.

A M. Constant Janin, à Évreux.

Paris, le 10 août 1841.

Mon cher *cousin*,

Puisque vous le voulez, je ne demande pas mieux. Que va dire monsieur votre régent s'il vient à savoir que vous vous êtes mis en correspondance avec un faiseur de romans comme moi ?

Vous aurez beau lui dire que je ne suis pas aussi noir que j'en ai l'air... Quoi ! l'auteur de tant d'œuvres profanes lui écrire au fond d'un séminaire ! C'est un grand péché peut-être. Vous verrez que l'excellent homme aura bien peur.

Eh bien ! non, ce n'est pas un péché, car un écrivain de romans vous donnera les meilleurs conseils, des conseils tout fraternels. Je veux dire que la vie est chose grave et sérieuse, que la jeunesse passe vite, et qu'il la faut employer non pas à admirer des écrivains futiles comme moi, mais à étudier les maîtres de la pensée et de la conscience, les grands orateurs de l'Orient et de l'Occident : saint Augustin et saint Jérôme, saint Grégoire et saint Ambroise, saint Jean Chrysostome surtout, de Maistre et Bossuet.

Lisez Bossuet... Voilà un maître ! voilà un

homme qui a créé la langue française! Il appartient à Homère aussi bien qu'à Louis XIV. Lisez-le. Ses sermons sont peut-être les chefs-d'œuvre de l'éloquence humaine. Son *Histoire des Variations* a rendu autant de services à la religion catholique que les épîtres de saint Paul, le grand organisateur. Je ne connais rien de plus touchant, dans aucun livre, que les *Oraisons funèbres* de Bossuet. Avez-vous lu ses lettres? Tout l'ensemble du catholicisme se retrouve dans ces papiers détachés, adressés au hasard à quiconque avait besoin de cette féconde et nerveuse parole.

Voilà, mon cher enfant, voilà nos maîtres! voilà ceux qu'il faut aimer, admirer, applaudir, étudier la nuit et le jour! voilà où se trouve la solide nourriture des jeunes esprits, et non pas, Dieu merci! dans les misérables et ennuyeuses futilités qui s'écrivent de nos jours!

Quels livres! Si vous saviez quels abominables corrupteurs du bon goût, des bonnes mœurs, de la civilisation, de la langue, de la belle langue française, par laquelle toute l'Europe nous était soumise bien plus que par les armes de l'empereur Napoléon! Rappelez-vous ce que vous avez lu : tout ce qui vient des œuvres de ce siècle est une vaine fumée, bonne tout au plus à obscurcir les intelligences honnêtes. Toute cette écrivasserie, qui paraît belle vue de loin, si vous pouviez en pénétrer les tristes mystères, vous porterait à la tête et au cœur. Ce ne sont que de trompeuses vanités, pauvretés, mensonges de tout genre ; et, quand vous les aurez lus, rien ne vous restera, sinon un profond dégoût, un douloureux ennui, un grand mépris de vous-même et des autres.

Prenez donc bien garde de tomber dans ces abîmes, imprudent que vous êtes ! Ne lisez ni moi, ni les autres ! ne lisez pas un livre de ce siècle ! Je n'en connais pas deux qui méritent les regards honnêtes d'un brave jeune homme qui a conservé la piété, la pudeur, les chastes enivrements de ses dix-huit ans.

Allons, point de lâcheté : revenez à la forte et si vive nourriture, à la discipline, aux enseignements de Port-Royal des Champs. Rappelez-vous Pascal, Arnauld, Nicole, Racine, Bossuet, Fénelon et Massillon, son frère dans l'art de rendre aimables les sévérités mêmes de l'Évangile ; rappelez-vous les beaux livres du XVIIe siècle et les belles pages du siècle suivant, ou bien remontez dans les critiques de la science chrétienne. Ce seront là des auteurs utiles et sûrs ; ce seront là des études remplies de douces promesses. Ainsi, vous arriverez à être un homme, un homme éloquent, austère et dévoué.

Vous avez choisi une belle et sainte profession, belle et sainte entre toutes. Soyez-en digne. Ne rougissez pas de votre habit : avec cet habit-là ont été civilisées les nations modernes. Au contraire, obéissez à votre vocation ; marchez bien droit dans votre sentier, la tête haute ; et quand, par hasard, vous trouverez que la nuit est épaisse, que le chemin est couvert de ronces et d'épines, que la colonne lumineuse, c'est-à-dire votre conscience, est tournée de son côté nuageux, rappelez-vous ce que dit un ancien livre de philosophie que je lisais dans ma jeunesse :

> *Haud facilem voluit Pater ipse colendi*
> *Esse viam, curis acuens mortalia corda.*

Donc, encore une fois, méfiez-vous des faux enthousiasmes, méfiez-vous des études mal faites ; ayez confiance dans vos guides naturels, qui sont encore les meilleurs amis que vous puissiez rencontrer en votre chemin. N'allez pas, dans un moment de caprice ou de mauvaise humeur, vous adresser, tête baissée, au premier venu dont vous aurez lu le nom dans un journal. L'imagination est une belle chose, sans doute ; mais il faut avant tout l'amortir, la dominer, l'écraser tant qu'on le peut.

Voilà ce que voulais vous dire, et aussi ce que

votre lettre m'a fourni : une preuve d'un esprit peu obéissant, mais d'un cœur honnête. Elle est bien honorable pour moi, qui suis très-heureux d'inspirer de temps à autre de tels sentiments. Enfin, elle m'a donné l'occasion de vous faire une homélie polie comme bien loyale, dont j'espère que vous profiterez. Et puis un jour, quand vous signerez : CONSTANT, *episcopus Lugdunensis* ou autre lieu, je pourrai, on présume, vous écrire à mon tour : « J'invoque votre parenté, Monseigneur ; bénissez-moi. » En attendant ce jour, glorieux pour tous les deux, je suis de Votre Grandeur, Monseigneur, le très-humble et très-obéissant serviteur.

A M. de Lamartine.

9 octobre 1841.

Mon maître que j'aime et que j'honore, et que je loue de toute mon âme !

Il faut bien cependant que vous sachiez par moi tout le grand bonheur qui m'arrive. Enfin, après trois années de dévouement et d'une honnête passion, j'ai obtenu la main de la belle et charmante jeune fille dont je vous ai parlé plus d'une fois, Mlle Adèle Huet. Elle a vingt et un ans ; elle est belle, calme, sérieuse, dévouée; elle a été pour moi un appui, un sauveur : je l'aime. Je me marie le 16 de ce mois. Rien ne manque à ma joie, sinon vous, vous mon appui, vous ma force et ma gloire!

O et præsidium, et dulce decus meum [1]*!*

J'avais tant compté que vous seriez mon témoin! j'avais tant espéré que vous me prendriez sous votre protection puissante! Mais vous êtes absent; vous êtes allé pour consoler, pour encourager, pour aimer d'autres pauvres diables que moi. J'aurais dû vous attendre, oui, cela, je l'aurais fait; mais j'ai eu tant de peine à arriver où j'en suis!

Donc, bénissez-moi de loin; dites-moi que vous êtes des nôtres par la pensée; écrivez-moi que vous aimerez un peu cette chère et charmante fille qui se confie à nous tous; en même temps, demandez à Mme de Lamartine un peu de sa bienveillance et de son amitié pour cette enfant que je serai heureux et fier de lui présenter cet hiver.

Voilà toutes mes prières. Vous savez si je suis avec une vive et sincère passion à vos pieds.

1. Horace, ode à Mécène.

A mon frère Sébastien Janin.

3 juillet 1843.

Tu as bien fait, et je t'en remercie, mon ami, d'écrire mon nom à côté du tien sur la liste des fondateurs de notre bibliothèque. Seulement, ce n'est pas pour cinquante volumes, c'est pour cinq cents volumes qu'il faut m'inscrire, et soyez sûrs que je ferai de mon mieux pour que cette faible offrande d'un homme qui aime les lettres avec la passion la plus sincère et la plus dévouée soit digne de sa destination. Une bibliothèque publique à Saint-Étienne nous eût rendus si heureux quand nous n'avions que quinze ans! En ce temps-là, les livres étaient rares dans notre ville, et partout ils étaient chers. La librairie parisienne n'avait pas encore inventé ce facile format in-18, aux feuillets bien remplis, qui représentent en peu de tomes tant de grands ouvrages. Elle n'avait pas trouvé cette heureuse combinaison des livraisons à 25 centimes, qui permet aux plus pauvres écoliers, comme nous l'étions, de faire peu à peu, avec le prix de leur goûter, des acquisitions importantes. Le peu de livres qui s'annonçaient alors, c'étaient les œuvres de Voltaire, les œuvres de J. J. Rousseau et autres paradoxes dangereux ou tout au moins inutiles; la librairie n'avait que cela à nous offrir, au prix fabuleux de 7 francs 50 centimes le volume, sans compter le port. Mais les vieilles histoires, mais les vieux poëmes, mais les chroniques naïves, tous les merveilleux témoignages du temps passé, mais les langues anciennes représentées par leurs chefs-d'œuvre, et les intrépides commentateurs qui ont jeté de si vives clartés sur les grands poëtes de la Grèce et de Rome; mais les travaux inestimables de tant de savants orientalistes qui nous révélaient des poésies inconnues dignes des plus beaux temps homériques, la *Sacountala,* par exemple; mais les leçons de tant de savants maîtres de notre jeunesse, qui essayaient à peine leurs forces naissantes : M. Villemain, M. Guizot, M. Augustin Thierry, et le patient Monteil, et le passionné Michelet, tout l'enseignement du Collége de France, de la Sorbonne et de l'Académie des sciences; mais tant de publications précieuses qui font la joie de notre âge mûr, ces dictionnaires auxquels a travaillé toute l'Europe savante, ces recueils, ces notices, ces collections, ces bibliothèques complètes qui renferment dans leur ensemble toute la littérature romaine, depuis ses premières tentatives jusqu'aux derniers efforts littéraires de Rome expirante;

mais les splendides inspirations de l'Église naissante à l'Orient, à l'Occident, par tout le monde ; et quoi encore ? les miracles de la *Renaissance*, toute l'antiquité réveillée dans cet amas de cendre et de poussière qu'avait soulevé le pied d'Attila, *le fléau de Dieu et des villes antiques ;* mais les charmants et rares efforts du XVII® siècle illustré, chanté, dominé par tant de beaux esprits, l'honneur du génie français, l'espoir de la langue à venir; mais, en un mot, tout ce qui compose l'étude de l'histoire, de la poésie, l'étude des beaux-arts, tous ces éléments presque divins de l'art et du goût, nous manquaient à l'instant même où notre esprit jeune et docile eût mis à profit, et avec tant de joie, tant de chefs-d'œuvre. De la philosophie, pas un mot. Aristote nous apparaissait à travers les vieux nuages de la scolastique; qui disait Platon, disait comme un rêveur dont les œuvres étaient perdues dans l'océan des âges. A peine si nous avions entre les mains cet admirable instrument plein de bon sens qu'on appelle *la Logique de Condillac*, et dont M. Laromiguière, notre maître vénéré, a tiré un si admirable parti. Ainsi, nous autres, les enfants de 1804, même les plus zélés et les plus avides de toute science, dans cette disette de bons livres, nous nous doutions à peine des divines ressources que peuvent offrir aux jeunes esprits tant de beaux ouvrages auxquels ont droit également tous les enfants des hommes. Légitime conséquence du droit de vivre, de regarder le soleil, de voir pousser l'herbe dans les champs, de suivre d'un regard charmé l'eau du fleuve qui brille au loin, d'entendre chanter le rossignol dans les bois.

Des livres et des maîtres! telle est la première passion du jeune homme qui veut apprendre et savoir : des livres d'abord, et ensuite des maîtres. Après Dieu, le livre est le plus grand des professeurs. Il parle de très-haut à l'imagination et à l'esprit. Sa voix est imposante de toute la majesté que donnent les siècles; son enseignement porte en lui-même je ne sais quelle force toute-puissante que n'a pas le professeur dans sa chaire. Le professeur, vous le voyez, vous le touchez; c'est un homme comme tous les hommes; sous la robe noire du professeur, avec un peu de malice (*cet âge est sans pitié*), l'écolier peut retrouver toutes les petites passions de l'homme; mais le livre écrit par quelques-uns de ces maîtres devant qui s'inclinent les générations qui passent porte vraiment en lui-même quelque chose de surnaturel. L'homme qui a écrit ces belles pages est mort depuis longtemps, son esprit seul est resté. Il a emporté avec lui dans la tombe toutes les faiblesses de l'humanité, mais la belle partie de son âme, sa science, ses études, ses découvertes, son expérience, tout le résultat de sa vie enfin, il l'a laissé dans ces pages qui ne peuvent plus mourir. Donc, faisons en sorte que cette lumière des belles-lettres et des sciences, entretenue à si grands frais, ne reste pas sous le boisseau; faisons en sorte que la petite main de l'enfant ait la liberté de puiser sans fin et sans cesse à ces sources vivantes de la pensée et du génie. Protecteurs de la cité stéphanoise, magistrats sortis de l'élection populaire, vous avez toutes sortes de protection et de bontés paternelles pour la ville qui vous est confiée; vous creusez des égouts, plantez des arbres, au pied de ces arbres naissants vous placez des bancs pour les heures du repos; vous amenez l'eau dans les fontaines; vous décuplez au profit de tous le torrent salutaire, notre fleuve unique, le plus intrépide travailleur de cette cité laborieuse entre toutes les villes du monde; votre zèle embrasse tous les détails : eh bien! par pitié pour l'avenir, n'oubliez pas cette nourriture des esprits et des âmes, les livres, les chefs-d'œuvre d'autrefois, les philosophes qui consolent, les poëtes qui sont la joie de la vie, les historiens qui nous font nous souvenir, les chrétiens qui nous font espérer. Grâce à tant de zèle, la ville s'agrandit chaque jour, chaque jour de nouveaux travailleurs accourent pour prendre leur part dans cette grande mêlée de la sueur et du travail : eh bien ! voici de nouveaux citoyens qu'on vous signale, de nouveaux amis qu'il faut appeler à notre aide, les plus grands, les plus utiles, les plus aimables habitants que puisse renfermer une grande cité : Homère et la suite de ses enfants légitimes, Eschyle, Sophocle, Euripide, Démosthène, qui n'a pu être vaincu que par Bossuet; Pindare, moins grand poëte que M. de Lamartine; et vous aussi les chefs de la parole et de l'éloquence : Cicéron, Virgile, Horace; et vous Hérodote, et Tite-Live, et Xénophon le soldat, qui écrit avec l'épée, comme fit Jules César; et Tacite, qui vous dira comment la tyrannie peut couvrir d'une honte éternelle non-seulement les tyrans, mais encore les esclaves ! Voilà les citoyens qu'il faut appeler dans nos murs, et avec eux tous les chefs de l'Église militante et triomphante : saint Jean Chrysostome, saint Basile, saint Augustin et saint Grégoire de Nazianze; tous les maîtres, tous les disciples. Ceux-là ont tout sauvé dans le monde barbare; ils ont apaisé la chute de Constantinople, le dernier boulevard de la grandeur romaine; ils ont préparé la venue des Médicis et le triomphe de l'Italie moderne, ressuscitée à la voix de Dante et se précipitant dans les enseignements chrétiens et poétiques de la *Divine Comédie*. Voilà les hommes qui vous demandent droit de cité. Allez au-devant de ces illustres génies, allez les recevoir à la porte de la ville ; que le canon gronde au loin en signe de joie, que les cloches de l'église remplissent les airs de leurs plus triomphantes mélodies, car dans la foule de ces nouveaux venus, et guidés par le roi Louis XIV, n'avez-vous pas reconnu à leur air inspiré, à la modeste assurance de leur démarche, aux bénédictions des peuples prosternés à leurs pieds, Bossuet et Pascal, Fénelon et Massillon, l'abbé Fleury et Bourdaloue, tous les maîtres de l'art chrétien ? Encore une fois, ouvrez vos portes à la phalange immortelle ! Trouvez-leur dans votre ville un palais digne de les recevoir ; entourez ce palais de vieux ombrages, de silence, de respect ! Quelle belle foule ! Saluez ! Voici Montaigne ! voici le Dante ! voici Montesquieu ! voici le vieux Corneille ! voici Racine, et Boileau, et Molière, leur maître à tous, et Mme de Sévigné, qui passe en souriant. Nobles hôtes, nation illustre, génies qui nous venez en aide, soyez les bienvenus ! Vous êtes les maîtres de l'enfance, vous êtes les conseils de l'âge mûr ; le vieillard, quand vous lui êtes en aide, ô génies protecteurs ! trouve que la vieillesse est moins longue et moins chargée d'ennuis et de misères.

Oui, vous êtes l'espérance, vous êtes le souvenir, vous êtes la joie, vous êtes l'espérance et la force. « Courage, disait un philosophe grec après un naufrage, voilà des pas d'hommes ! » Ces pas d'hommes, c'étaient des figures de géométrie tracées sur le sable du rivage. Et nous aussi, nous dirons maintenant : « Courage ! des hommes sont entrés dans nos murs ! »

Je me rappelle encore, parmi les grands bonheurs de ma première jeunesse, un certain vieillard honnête et bon, quoiqu'un peu renfrogné [1], qui, par un hasard tout providentiel, vendait de vieux livres dans une sombre boutique de la maison de Mme Gagnière, non loin du tribunal [2]. Ce vieillard avait entassé dans ces catacombes savantes les plus abominables bouquins qui aient jamais été exposés aux intempéries des saisons. Rien qu'à sentir de loin cette odeur nauséabonde de cuir pourri, de papier moisi, rien qu'à ouvrir ces pages où *les vers couraient à travers la prose* (comme disait notre bon, notre cher père, avec ce charmant sourire qui lui allait si bien), il y avait véritablement de quoi rester dégoûté de la

---

1. M. Celse.
2. L'ancien tribunal, cour des Ursules. — C'est dans la maison Gagnière qu'est né M. Jules Janin.
(*Notes de J. J.*)

science pour le reste de ses jours. Même à cette heure, il me semble que je vois encore cet amas informe de commentateurs, de théologiens, de sermonaires. Bien plus, il me souvient qu'un jour où je faisais mon butin, une énorme pile de ces livres poudreux tomba sur moi, et peu s'en fallut que je ne restasse enseveli sous cette masse, à la grande peine du digne bouquiniste, qui, malgré lui, avait fini par me prendre en amitié et par me laisser fureter et grimper dans sa boutique comme un jeune chat que j'étais alors. Dans ce trou étaient contenus tous les livres de la ville. Ce n'était pas une bibliothèque, c'était une mare dans laquelle, nous autres ignorants de toutes choses, nous pêchions à la ligne, pour ainsi dire, les quelques livres que nous pouvions lire et comprendre. Que n'aurions-nous pas donné alors pour avoir le conseil de quelque bienveillant et savant bibliothécaire? Que de peines il nous eût épargnées! Que de tâtonnements! quelle confusion dans notre pauvre cerveau! Ou seulement si cet amas avait été mis en ordre, si nous avions été sûrs de trouver le second tome quand le premier avait été lu! Et enfin si, au lieu de nous les vendre, l'on nous eût prêté ces livres pour un *grand merci!* Rien qu'à penser à la joie que j'en eusse ressentie, à vingt-cinq ans de distance déjà, mon cœur bat comme si je n'avais que quinze ans. Voilà pourquoi je vous approuve et je vous loue, et pourquoi je veux être des vôtres, vous tous qui tentez d'accomplir ce grand rêve que je n'avais pas rêvé dans ma première et studieuse jeunesse. En ce temps-là, mon rêve, c'était de trouver quelque chef-d'œuvre chez notre bouquiniste de Saint-Étienne; mon rêve, c'était d'aller à Lyon (en un jour, de six heures du matin à six heures du soir) et d'en revenir le lendemain tout chargé de livres choisis aux abords du port Morand. Mon rêve aussi, quand nous étions sur les bords du Rhône, au printemps, c'était de courir après le colporteur et de changer contre des livres, même mon chapeau et ma veste! Donc, sous le rapport économique, nos bonnes mères de famille stéphanoises, affligées de ces dévoreurs de poëmes et d'histoires, seront tranquillisées par l'établissement d'une bibliothèque publique : car, à présent que j'y pense, te rappelles-tu les aimables désespoirs de notre mère quand elle me voyait revenir à la maison tout chargé de mon butin, et comme, après avoir doucement grondé, elle finissait toujours par me donner tout son pauvre argent? « Jules, me disait-elle, tu me ruines! Tu porteras des sabots tout l'été, et à Pâques tu n'auras pas l'habit neuf que je t'ai promis! » Ainsi elle disait, mais cependant j'avais mon habit neuf, j'avais mes livres, j'avais tout; et elle faisait tout cela en se privant d'une robe qu'elle eût si bien portée! Pauvre femme adorée! et faut-il qu'elle n'ait pas vécu assez longtemps pour bénir toute sa famille, et sa nouvelle belle-fille, si digne d'elle, dont elle eût été si fière et qui l'eût entourée de tant d'amitié et de respect!

Puis enfin (et ceci soit dit pour vous prouver que même dans le bruit et dans la fumée de notre ville natale les beaux endroits ne manquent pas, favorables à la méditation et à l'étude), quand j'avais trouvé quelque belle chose à étudier, quelque chef-d'œuvre inconnu : les fantaisies d'Apulée, les satires de Juvénal, Horace toujours, les comédies de Térence, les lettres d'Héloïse, non pas l'Héloïse mignarde et emphatique de Rousseau, mais l'éloquente et savante Héloïse d'Abélard le docteur; quand des *Vies des Hommes illustres*, je passais, toujours par le hasard de ce capharnaüm du bouquiniste, dans quelques-unes de ces facéties latines que je lisais assez couramment, grâce aux *Colloques d'Érasme* qui m'avaient familiarisé avec cette fine pointe de l'esprit français; le *Facetiæ facetiarum*, par exemple (quel beau livre!), ou le *Democritus ridens*, non, je ne crois pas qu'il y eût au monde un enfant plus

heureux que moi. Aussitôt je m'échappais de la
ville, j'allais tout droit devant moi, dans de beaux
petits endroits que j'avais découverts, à Roche-
taillée, sur les hauteurs de Montaud, à Terre-
Noire, dans cet admirable vallon si calme, si reposé, au bord de cette eau limpide, où M. de
Gallois, cet homme de tant de génie et de si peu
de patience, n'avait pas encore fondé ces terribles
fourneaux qui ont couvert le paysage de fumée,
qui ont fait du lac une eau bouillonnante; surtout Valbenoîte aux doux ombrages m'accordait
l'hospitalité de ses prairies. Et là, couché dans
l'herbe, bercé par les mille bruits de la campagne,
divines harmonies des heureux enfants, je lisais,
j'étudiais, et de temps à autre je m'arrêtais dans
ma lecture commencée pour remercier le bon Dieu
qui a créé tant d'hommes de génie tout exprès
pour leur faire écrire de beaux livres. Ainsi, par
ma propre expérience, soyez sûrs que notre chère
patrie, toute noire sous sa fumée laborieuse, est
des mieux disposées pour l'établissement et pour
les heureux bénéfices d'une bibliothèque publique.
Elle a tout ce qu'il faut pour que de beaux livres
soient les bienvenus. Quoi de mieux et quelle
inspiration plus puissante? du bruit au dedans,
du calme au dehors; ici l'activité, plus loin le
repos; ici la fumée et la flamme, plus loin les

eaux limpides et les frais ombrages ; ville active, intelligente, puissante par les croyances, par l'action, par le travail, par les plus fortes et les plus modestes vertus. Mais cependant l'amour des belles choses, l'honnête passion des chefs-d'œuvre, le respect profond pour les travaux de l'intelligence, les joies intimes de la rêverie, la lecture des poëtes, les mélancoliques contemplations du passé dont les historiens sont les dignes représentants, tous ces adorables plaisirs de l'esprit, si peu coûteux et si charmants, pas une réunion d'hommes en ce monde n'a le droit de les dédaigner. Renoncer à la poésie, parce qu'on est occupé de tous les rudes travaux de l'industrie ; chasser les romanciers et les philosophes, parce qu'on est un peuple savant dans l'art de tisser la soie, de forger le fer, d'arracher leurs trésors aux entrailles de la terre, ce serait manquer de reconnaissance et de respect pour les plus rares et les plus chers bienfaits de celui qui a créé toutes les grandes idées et tous les grands poëmes. Le Spartiate coupait les cordes de la lyre, et il se croyait bien fort ; mais quel rôle terrible a joué Sparte, et que ce rôle a peu duré ! et combien préférez-vous à cette Lacédémone brutale, dont la vertu même vous attriste et vous fait peur, cette charmante ville d'Athènes, reine encore après trois mille années, tant est grande la toute-puissance du génie inspirateur !

Mais enfin, grâce au Ciel, l'œuvre est commencée. Les portes de notre musée sont ouvertes, les livres arriveront bientôt. Prenez garde seulement que vous ne soyez exposés à servir de déversoir à tout le papier moisi de la province. Rappelez-vous l'histoire de mon vieux bouquiniste ; n'accordez pas à tout ce qui est le papier imprimé droit de bourgeoisie dans votre bibliothèque. Si vous voulez faire une fondation respectable, commencez par la respecter vous-mêmes. Donc, si j'avais l'honneur d'être le bibliothécaire de la ville (M. de Latour est un noble jeune homme, il a entrepris là une belle tâche, une bonne œuvre, et puisse bientôt son dévouement être récompensé par le succès de l'entreprise commune !), je me montrerais fort sévère sur l'acceptation des livres qui me seraient envoyés. Je refuserais net et je laisserais se morfondre à la porte les exemplaires incomplets, tachés, souillés, vermoulus. Parce que votre salon est ouvert à qui veut entrer, ce n'est pas une raison pour que le premier gueux venu, tout taché et tout en haillons, ait le droit de venir s'asseoir sur vos fauteuils. Au contraire, ce serait vouloir chasser les gens de la meilleure compagnie. Il en est des livres comme des hommes : trop parés, ils ne servent pas à grand'chose ; trop souillés, ils font horreur. Ni or ni haillons, soyons nets. Je veux qu'un livre ait tout d'abord une bonne et honnête apparence : les guenilles ne conviennent à personne. Ne rebutons pas le lecteur par des dehors misérables, ne faisons pas d'une bibliothèque publique un dépôt de mendicité. Voilà pourquoi il faudra ne pas recevoir de toutes mains tous les livres qui vous seront envoyés. Tel qui n'oserait pas offrir cinquante centimes pour la bibliothèque de la ville, osera bien lui envoyer d'horribles feuillets tachés par la pluie, et dont le chiffonnier lui-même ne voudrait pas. Gardons-nous d'encourager par des remercîments non mérités ces aumônes honteuses. En résumé, j'aime mieux peu de livres en bon état, peu de livres qu'on lit avec soin, avec zèle, avec bonheur, les mains bien lavées, que beaucoup de livres qui offensent tout à la fois la vue et l'odorat, et que pas une main honnête ne voudrait toucher même avec des gants. Juste Ciel ! le papier imprimé n'est pas assez rare aujourd'hui pour que nous passions, pour en avoir, par ces abominables conditions. En un mot, pour celui qui offre un livre à la ville de Saint-Étienne, faites que ce soit un honneur de voir son offrande acceptée.

Tout le travail de l'heure présente, c'est de

réunir quelques bons livres, d'une bonne édition; c'est d'établir, dans votre Hôtel de ville, non pas un futile cabinet de lecture à l'usage des oisifs et des frivoles lecteurs de revues, de journaux et de livres nouveaux, mais un centre calme et prudent de toutes les graves études. Avec les bons livres arriveront les bons lecteurs; le temps fera le reste. Nous vivons dans une époque bienveillante, qui sait encourager tous les nobles efforts, qui sait comprendre tous les dévouements et tous les sacrifices. Pour peu que nous nous aidions nous-mêmes, nous sommes sûrs d'être aidés. Demandons et l'on nous donnera. Mais c'est surtout en fait de livres que l'on peut dire : on ne donne qu'à ceux qui ont. Ayons-en quelques-uns d'abord, nous en aurons beaucoup ensuite. M. le ministre de l'Intérieur, qui est la bienveillance en personne, peut vous donner beaucoup de livres. Le roi lui-même, qui sait donner à propos, ne vous refuserait pas les collections dont il dispose : le *Musée de Versailles*, par exemple, un beau livre de création toute royale. M. Villemain, quand on sait s'y prendre (il a tant d'esprit et tant de cœur!), a toujours le moyen de vous accorder quelques-unes de ces grandes collections dont il dispose. A leur tour, les particuliers, voyant le gouvernement en si bonnes dispositions, enverront de tous côtés, non pas le vil rebut de leurs collections, mais leurs plus beaux ouvrages. Et qui sait? il peut se faire qu'un jour, à sa mort, quelque enfant de cette ville bien-aimée tiendra à honneur de lui laisser le résultat d'une vie tout entière passée à chercher des livres, à les parer avec luxe, à les lire avec amour[1]! Et quelle plus digne façon de témoigner sa reconnaissance? Et quel legs porterait de plus nobles fruits dans l'avenir?

Pour ma part, je suis dévoué à l'accomplissement de cette bonne œuvre, et je vous prie, si vous avez besoin d'un bibliothécaire adjoint, de quelque bon serviteur fidèle et zélé, pensez à moi!

Je te serre la main de tout mon cœur.

Ton frère.

---

[1]. C'est ce vœu, timidement exprimé sous une forme dubitative, que plusieurs habitants de Saint-Étienne se sont trop hâtés de prendre pour une promesse, et qui a inspiré à certains nouvellistes l'idée de publier dans les journaux que Jules Janin avait légué sa bibliothèque à la ville de Saint-Étienne.

*A M. de La Tour de Varan, bibliothécaire
à Saint-Étienne.*

Paris, le 28 juillet 1843.

Monsieur,

Je vous rends mille bonnes grâces pour la lettre que vous me faites l'honneur de m'écrire. Au fait, vous et moi, nous nous connaissons depuis longtemps. Vous savez qui je suis, je sais qui vous êtes : il n'y a plus qu'à se tendre la main, et je vous la tends de bon cœur. Donc, supprimons entre nous ce qui ressemble à un remercîment; à vrai dire, je ne mérite pas tous ceux que vous me faites.

J'ai été surpris par l'annonce de votre bibliothèque, à laquelle je ne croyais pas; mais aussitôt que j'eus compris combien la chose était sérieuse, je me fis un point d'honneur d'arriver le premier, et à tout hasard, sur la brèche littéraire. Ainsi pardonnez-moi si mon premier envoi n'est pas aussi digne que je le voudrais des bons et loyaux sentiments qui m'animent.

Je vous ai envoyé en grande hâte ce qui m'est tombé sous la main, sauf à compléter mon envoi, à réparer mes oublis, à chercher de sang-froid des livres meilleurs et plus dignes de vous être offerts. Cependant j'ai envoyé chez le correspondant de la bibliothèque plus d'un volume qui, je l'espère, sera le bienvenu. *Condillac*, le *Pisaurensis*, un très-bel exemplaire de *Tacite*, une belle édition des *Œuvres de Buffon*, les *Mémoires du duc de Saint-Simon*, les *Petits Cahiers d'histoire*, le *Dictionnaire de la Conversation;* à mon compte, cela fait 309 volumes. Mais, comme je veux être un honnête garçon jusqu'à la fin, je vous prie de n'accepter ces 300 volumes que pour 250, tout au plus la moitié de la dette que j'ai contractée. Avant qu'il soit trois mois, je vous ferai passer un second ballot de 250 tomes, et j'aurai soin de les mieux choisir. Puis, si vous voulez me continuer votre confiance, vous en aurez d'autres. Je crois bien d'ailleurs que M. le ministre de l'intérieur et M. le ministre du commerce viendront à votre aide. Je viens de leur écrire pour leur demander des poëtes, des historiens et quelques philosophes. Dieu nous soit en protection, et vous verrez que nous viendrons à bout de cette entreprise excellente.

Mais cependant comprenez-vous que cette impulsion naturelle ait rencontré à Saint-Étienne même tant d'opposition, ait soulevé tant de clameurs? On n'est pas plus ridicule ni plus sot que ces messieurs. Mon pauvre frère, qui se préoccupe beaucoup trop de ces tristes clameurs, m'écrit la phrase : « Nous verrons ! » *Nous verrons !* est curieux : que veulent-ils voir ? De braves gens tout disposés à donner l'exemple de la bonne volonté, et rien de plus. Ne dirait-on pas, avec leur : *Nous verrons !* qu'il s'agit de leur enlever de leur autorité toute-puissante sur les esprits et sur les cœurs stéphanois? Eh ! mon Dieu ! qu'ils vivent et qu'ils règnent en paix. De quoi se troublent-ils? quel mal leur a-t-on fait pour motiver tant de rumeurs? Ce que je puis bien promettre pour ma part, c'est que jamais, de près ni de loin, ces loyaux gentilshommes ne me trouveront sur leur chemin.

Oui, certes, j'ai demandé à venir après vous dans la bibliothèque naissante, et ce me sera encore plus d'honneur que je ne mérite. Songez donc que vous empruntez toute la chaleur du jour; songez que votre vie entière va se perdre à faire un métier dont si peu de gens vous sauront gré. Mais qu'importe? Pour peu que vous soyez utile à quelque bon petit génie, avide de savoir et de comprendre, ne vous inquiétez guère des clameurs du café et des politiques voisins.

Bonjour! Je joins à ma lettre la liste des livres qui sont partis avant-hier par le correspondant de mon frère. Aussitôt que j'aurai de bonnes nouvelles, je vous le dirai.

Croyez, je vous prie, Monsieur, à tout mon dévouement et à la sincère sympathie de votre compatriote.

A M. Charguéraud, au château de Cély.

5 janvier 1844.

Mon ami et collaborateur Charguéraud, je vous dis bonjour et je vous rends mille grâces de votre bon souvenir. Quand vous avez été parti (pour un siècle et un ami meilleurs) je me suis trouvé bien empêché d'aller plus avant; j'étais comme l'aveugle qui a perdu son bâton. Mais enfin, Dieu aidant, j'ai mené à bonne fin ce gros livre [1], dans lequel on trouve deux pages d'une grâce parfaite, deux pages de notre maître, M. Monteil.

Certes, je sais très-bien ce qui manque à notre livre; il est plein de bévues, de fautes, de malentendus, et cependant, grâce à je ne sais quoi, on le lit, on l'approuve, il réussit. J'en ai honte! C'est

1. *La Normandie.*

un livre à refaire; on peut laisser seulement quelques-unes des broderies.

Vous, cependant, dégagé de mes ténèbres, vous avez assisté à l'enfantement du siècle de Voltaire, de Diderot, du roi Louis XV, vous avez entendu le bruit de la Bastille croulante et de Mirabeau naissant; vous êtes plus heureux que moi.

Vous savez bien que je serai toujours joyeux de vous revoir, et qu'en fin de compte je reste votre ami fidèle et dévoué.

A M. Sébastien Janin, à Saint-Étienne.

Paris, 20 mars 1844.

Mon cher ami,

JE t'ai dit, à la façon d'un honnête homme, toutes les sympathies qui entourent le clergé de la France; mais à Dieu ne plaise que je veuille contribuer, dans mon petit cercle, à pousser le clergé dans l'abîme où peut l'entraîner sa trop vive résistance contre l'Université!

Aux gens que l'on aime et que l'on respecte, on doit témoigner son dévouement à force de vérité : eh bien, si Mgr l'archevêque de Lyon ou

Mgr l'évêque de Châlons avaient assisté hier aux débats de la Chambre, sois certain qu'ils seraient sortis de ces débats avec la conviction profonde et bien arrêtée qu'il y aurait de l'imprudence à pousser plus loin ces éloquentes protestations.

Il faut le dire, et il faut le dire bien haut : jamais je n'avais vu l'Assemblée plus unanime, l'opinion plus générale, l'inquiétude plus entière. On eût dit que le clergé avait touché à toutes les libertés de la France, qu'il avait déchiré la Charte d'une main violente et que nous allions revenir aux temps du pape Grégoire VII !

La lettre de l'archevêque de Lyon, approuvée par cinq évêques, n'a pas peu contribué aux colères de la Chambre. La Chambre est jalouse de ses droits ; elle s'est réservé le monopole de la loi écrite : touchez à son droit, qui que vous soyez, roi ou cardinal-évêque, soudain vous entendrez ses colères.

Voilà ce qu'il faut expliquer au clergé de France, que son zèle emporte trop loin.

« Ne faites pas de lois, lui dirai-je, sans la permission des législateurs ; comptez-vous et comptez-les ! Sans nul doute, vos douleurs sont légitimes ; sans nul doute, vos inquiétudes sont justes et loyales ; mais que faire contre la force ? comment résister à la volonté des législateurs ? Il y a encore ceci de dangereux que vous allez soulever les vieilles passions, réveiller la vieille ironie voltairienne, rejeter les déclamateurs dans la déclamation passée de mode. Voyez quelle faute! Grâce à ces lettres signées des évêques de France, M. Isambert, tout perdu et tout oublié qu'il était, est redevenu un homme important; M. Dupin, de son côté, est redevenu un homme populaire. Il s'est vraiment retrouvé l'orateur des anciens jours, quand il parlait avec tant d'énergie contre les menées de saint Acheul. Logicien net et incisif, jurisconsulte nourri dans toute la sévérité de l'école, s'appuyant d'une main sur la déclaration de 1789 et de l'autre main sur les doctrines de Bossuet, il a parlé en maître à tous les instincts révolutionnaires de la France. Plus il est brutal, et plus on l'écoute; plus il est incisif, et plus on l'applaudit. Il a la verve et la passion de certains discours de Saurin le protestant, et à cette verve, à cette passion, il conserve la couleur catholique. A-t-il assez attaqué l'espèce d'absolution que l'évêque de Châlons a accordée à l'abbé Combalot!

« Les évêques ne sauraient trop se méfier des conséquences de toutes ces lettres écrites un peu trop vite et dans le premier moment de la mauvaise humeur. Plus M. Dupin lui-même s'en rapporte à *la chose jugée*, et plus l'épiscopat français doit se tenir éloigné du jugement, de l'arrêt, du fait établi par le tribunal. Même l'envie du martyre ne doit venir qu'après les conseils de la prudence humaine, car de nos jours, la prudence vaut mieux que le martyre.

« En même temps, que les évêques daignent considérer non pas seulement leurs dangers personnels, mais les dangers de l'Église. Supposons qu'ils persistent dans leurs réclamations énergiques, qu'ils continuent à regarder comme non avenus les *appels comme d'abus*, qu'ils se fient à la bonté de leur cause, à la justice de leurs réclamations, aux sympathies des pères de famille, à la popularité toujours croissante du clergé français, qu'arrivera-t-il ? Il arrivera que dans un mauvais jour de mauvaise pensée, le gouvernement, poussé à bout, acceptera les démissions offertes. Vous le menacez de retirer les aumôniers aux colléges de l'Université ? On laissera partir les aumôniers... Vous serez les moins forts, et en supposant que vous appeliez à votre aide la *patience*, qui est la vertu des causes éternelles, qui vous répond, malheureux ! que l'émeute, cette force en dehors de toutes les lois, mais non pas, hélas ! en dehors de toutes les prévisions, ne viendra pas vous chercher jusqu'au fond du sanctuaire ?

« Ah ! ne jouons pas avec l'émeute ; elle est l'ennemie naturelle de tout ce qui est beau, de tout ce qui est bon, de tout ce qui est grand. Elle a mille têtes, elle est sans cœur. Pour commencer, elle brise, elle tue, elle pille, elle blasphème, elle mettrait le feu aux quatre coins du monde. Nul ne sait, pas même le roi des Français, d'où vient l'émeute, nul ne saurait dire où elle va. C'est le feu qui tombe, c'est le vent qui souffle, c'est le torrent qui déborde. Ne la heurtez pas, ne la réveillez pas ! Vous avez vu qu'à Marseille, de son premier grognement, l'émeute a mis en fuite M. Berryer et son éloquence. Elle n'est bonne à rien, elle peut tout pour le mal. Elle s'occupe pour le moins autant de religion que de politique. En 1830, l'émeute respectait le palais du Roi, elle brisait en se jouant, la plus vieille, la plus sainte église de Paris, l'église de Saint-Germain-l'Auxerrois. Moi qui vous parle, j'ai vu la foule terrible, le visage masqué, et couverte des oripeaux souillés du mardi-gras, pénétrer dans la vieille église et la réduire en poudre. Je vois encore l'autel renversé, la chaire brisée en mille pièces, les tombeaux profanés, les ornements sacrés devenus le jouet de cette vile populace. De l'église, l'émeute hurlante s'est portée sur l'Archevêché, et, en un clin d'œil, l'Archevêché fut démoli par ces mains abominables. O misère ! Notre-Dame de Paris tremblait jusqu'en ses fondements séculaires ! La Seine était chargée des plus nobles livres, des plus vieilles et des plus éloquentes époques de l'Évangile. A peine si quelques gardes nationaux vinrent à bout de sauver le prélat de ces hordes furieuses ! Et toute cette rage déchaînée par l'imprudence d'un prêtre qui voulut célébrer dans son église un anniversaire de funèbre mémoire ! Ne touchez pas à la hache, ne jouez pas avec le feu, ne jouez pas avec l'émeute ! »

Voilà ce que je dirais à l'évêque de Châlons aussi bien qu'à l'abbé Combalot, à l'archevêque de Lyon tout aussi bien qu'à l'archevêque de Rouen, si j'étais... le ministre des cultes. Plus ils sont haut placés dans la hiérarchie religieuse, plus ils sont forts de leur conscience et de leur bon droit, plus aussi ils doivent apporter dans cette œuvre immense l'esprit de conciliation et de prudence, si nécessaire en présence de tant de passions soulevées.

Bonjour, mon cher frère ! Ma femme vous remercie fort de toutes les peines qu'elle vous donne, et nous vous embrassons tous.

A M. Sébastien Janin, à Saint-Étienne.

Paris, 31 mai 1844.

Mon cher ami,

Tu penses bien que je n'ai pas manqué d'assister au convoi de M. Laffitte. Ces derniers devoirs rendus à un grand citoyen ont quelque chose de touchant et de solennel qui attire toutes les sympathies.

Parmi les hommes qui ont joué, en ce temps-ci, un très-grand rôle, il faut compter M. Jacques Laffitte. L'œuvre accomplie par ses émules en popularité, à force d'éloquence, d'esprit, de talent et, disons-le, à force de violence, M. Laffitte l'a accomplie par le sang-froid, par le bon sens, par la probité pratique du négociant honnête homme; sa générosité ne saurait se dire. Lui-même, il n'y a pas six mois, un jour que je l'entendais causer au coin du feu, il racontait que dans le cours de sa vie, soit par pure libéralité, soit par grande faiblesse, il avait donné plus de dix millions de son argent, dans lesquels il n'est jamais rentré. « Ma meilleure affaire, a-t-il ajouté, la voici : En 1814, ma jeune fille était mourante, et moi j'étais au désespoir! A la fin, Dieu la sauve; dans la joie où j'étais, je constitue sur la tête de mes serviteurs et de quelques amis pauvres pour cent cinquante mille francs de rentes viagères. La rente était à vil prix, quarante-cinq francs! J'achète, et si bien que, par l'extinction progressive de mes obligés, j'ai revendu à cent et à cent vingt francs la rente achetée quarante-cinq; donc cette fois il s'est trouvé que ma bienfaisance a été une spéculation admirable. — Ce qui vous prouve, monsieur Jacques, disait-il à son petit-fils, qu'on peut être un bon homme et s'enrichir! » Avec quelle grâce M. Laffitte racontait ces douces histoires! Son œil était vif encore, son sourire affable; l'indulgence respirait dans toute sa personne, et nul n'aurait pu dire à le voir et à l'entendre parler ainsi, qu'il devait sitôt mourir.

Brave homme! digne homme! Sa vie est remplie d'anecdotes de ce genre, et l'on voudrait les raconter toutes. Malheur à ceux qui d'une pareille mort font un sujet de déclamation! Malheur à ceux qui devant un cercueil pareil ne trouvent que des cris de haine et des accusations banales!

Ah! c'est un grand malheur, quand il s'agit de l'oraison funèbre d'un homme tel que M. Laffitte, de ne pas se contenter de ses belles actions! Mais nous gâtons les meilleures causes par nos passions lamentables; nous sommes des factieux du dernier ordre, et plus nous sommes dans la sécurité et dans la paix, plus nous faisons de bruit et de tapage. Quel est le cercueil dont nous ne nous soyons pas servis comme d'un tambour? Quel est le cierge funèbre dont nous n'ayons tenté de faire une torche? Un homme vient de mourir en chrétien, en honnête homme, dans sa famille, entouré de calmes et silencieuses douleurs, le nom de cet homme va devenir un cri de guerre, et de son linceul nous ferons, s'il est possible, un drapeau pour l'insurrection!

Dieu merci, le cercueil de M. Laffitte n'a pas été en butte aux profanations et à la violence des partis. Une force imposante entourait le cortége, et chacun s'est maintenu dans les bornes et dans la décence d'une cérémonie religieuse. Hélas! j'ai déjà assisté à bien des funérailles célèbres! M. le duc de Berry, assassiné par l'abominable Louvel; le roi Louis XVIII, si heureux, si fier de mourir sur le trône de France et d'être enterré à Saint-Denis, où il attend encore son noble frère; le général Sébastiani, Casimir Périer, Cuvier lui-même, le roi de la science, et le plus difficile de tous à enterrer, le général La Fayette, et celui-là que toute l'Europe a pleuré pour ses qualités personnelles, Mgr le duc d'Orléans... je n'ai pas vu de funérailles pareilles à celles de M. Laffitte!

Une armée accompagnait le cadavre, enseignes déployées; la trompette faisait retentir les airs de ses funèbres clameurs; les canons roulaient avec un bruit formidable... On n'eût pas su le nom du mort, qu'il eût été impossible de le deviner. C'était véritablement le convoi d'un général d'armée mort à la bataille : M. de Turenne n'a pas été porté à Saint-Denis dans une pompe plus magnifique. Les gens à pied, les cavaliers, les musiques retentissantes, les deux Chambres, les savants et les poëtes, les artistes qui avaient chanté à l'église les plus divines mélodies de Palestrina et de Hændel, cet appareil civil et militaire, ces habits brodés et ces blouses, ces maréchaux de France et ces ouvriers aux mains calleuses, ces étudiants, ces magistrats, cette foule attentive... qu'était-ce donc tout cela, sinon la manifestation la plus complète d'un deuil public partagé par chacun et par tous? Dernier jour de popularité, il est vrai, mais la fête est complète.

Derrière le char marchaient deux hommes dont le nom seul est un chapitre bien opposé de la même histoire : Béranger et M. Thiers, le poëte et l'historien de la démocratie moderne; celui-ci qui parle aux passions les plus vives des peuples, mêlant la liberté aux joies du festin et parant la

Révolution française de la couronne de lierre des buveurs; celui-là qui a fait monter l'Histoire sur un cheval de bataille, donnant à l'Histoire pour son marchepied la tribune nationale; populaires tous les deux, M. Béranger et M. Thiers, mais à des titres bien divers : l'un, parce qu'il est pauvre, modeste, caché, silencieux, timide; l'autre, au contraire, parce que le grand bruit qui l'entoure ne l'arrête ni la nuit ni le jour, et qu'il marche encore à cette heure à la clarté des incendies allumés par son livre.

De M. Thiers et de Béranger, de l'histoire et des chansons de ce siècle, M. Jacques Laffitte a été le patron. Il a aidé, il a aimé, il a encouragé ces deux hommes d'un génie si rare! Sa maison leur a été ouverte; il les a reçus à sa table tant qu'ils ont voulu y venir; il leur a tendu une main plus que bienfaisante, une main amicale; il les a aimés comme des enfants qui complétaient la gloire de cette maison Laffitte, d'où la révolution de Juillet est sortie toute armée et précédée par un roi proclamé roi dans ces mêmes salons que la France a rachetés et rendus à leur propriétaire dépossédé. A côté de M. Thiers se tenait M. Arago; à côté de Béranger, M. Dupin, appelé par hasard à cet honneur, et qui a payé cet honneur-là à l'instant même en prononçant un discours courageux et loyal, et dont la fermeté a bien étonné les applaudisseurs de M. Garnier-Pagès.

Après la vive et verte mercuriale de M. Dupin, messieurs, les politiques d'estaminet ont voulu avoir leur ovation, et naturellement ils ont jeté les yeux sur Béranger le poëte national. Béranger est un petit homme grêle, fatigué, à la vue incertaine, les yeux cachés par de grosses lunettes, la démarche d'un bonhomme. Rien qui ressemble à un triomphateur par métier ! Il aimait tendrement M. Laffitte, presque autant qu'il aimait Manuel. Sa tristesse était vraie, profonde, sa fatigue visible. Les discours achevés, Béranger se retirait modestement aux cris de : *Vive Béranger !* quand soudain on le prend, on le jette dans une voiture de deuil ; les chevaux sont dételés, et voilà le poëte de l'empereur mort traîné à bras par une trentaine de jeunes gens en casquette, la fleur des écoles. Tu penses si Béranger était malheureux de cette ovation ! Il avait beau prier et supplier : « Pardon, Messieurs ! pitié, Messieurs !... Vous êtes trop bons, Messieurs ! » On voulait un triomphateur, on voulait un empereur, on n'écoutait pas le grand poëte qui a conservé dans sa gloire tant de modestie et de bon sens. Ainsi avait-on fait aux funérailles de Lamarque pour M. le général La Fayette. On avait pris le général, on l'avait traîné du côté de la rivière. Trois heures après une promenade pleine de tumulte, le général La Fayette était rentré chez lui malade et sans qu'il ait jamais pu retrouver ses chevaux.

Il est vrai que le général La Fayette était l'homme des triomphes; il avait, comme disent les comédiens, le *physique de l'emploi;* sa vie n'avait été qu'une longue ovation. Mais Béranger! nul au monde n'est plus modeste, plus caché, moins avide de renommée; personne n'a renoncé plus complétement aux fumées et aux vanités de la gloire humaine : rare et beau caractère, sans contredit. Il faut le bien mal connaître pour le traîner dans un pareil triomphe; aussi leur a-t-il joué un bon tour : à l'instant où il les voit le plus occupés à traîner la voiture qui l'emporte, Béranger, au hasard de se casser le cou, saute par la portière, et, fouette cocher! Les faiseurs d'ovation ne s'aperçoivent qu'à deux cents pas de là qu'ils traînaient un chariot vide : image trop fidèle des renommées et des traîneurs de renommée en ce temps-ci!

Ainsi M. Laffitte a été enterré sans scandale, au milieu des regrets les plus vifs. Partout, sur le long sentier qui sépare l'hôtel Laffitte des hauteurs du Père-Lachaise, on entendait de nobles traits à la louange de cet excellent homme. Que de gens il a sauvés! que d'infortunes il a secourues! Il a donné cent mille écus à un misérable pour qu'il respectât le pont de la Concorde! Il a offert deux cent mille francs pour sauver les quatre sergents de la Rochelle, infortunés dont le sang a été si fécond en colères nationales! L'histoire de Nodier est charmante. Nodier rentre un jour chez lui tout chargé de beaux livres qu'il avait achetés, et qui coûtaient beaucoup d'argent. « Mais, disait Mme Nodier, es-tu fou? Et notre fille! A quoi penses-tu donc? » Elle était si triste, et Nodier était si bon! « Console-toi, lui dit-il, notre fille est gentille, et elle ne manquera pas d'une certaine dot : j'ai placé cinquante mille francs chez M. Laffitte. — Vraiment? dit la femme charmée. — Vas-y voir! » disait Nodier en plaçant ses livres sur les rayons.

Huit jours après, Mme Nodier s'en va chez M. Laffitte, un peu tremblante, et n'osant guère croire à sa fortune. Elle explique de son mieux à M. Laffitte la cause de sa visite. M. Laffitte écoute bien ce qu'on lui dit : « Ma foi! Madame, M. Nodier est un indiscret; il m'avait fait promettre de n'en rien dire; mais, puisque vous le savez, l'argent est à votre disposition. »

Et la femme de revenir en toute hâte vers son mari. « Ah! mon ami, c'était vrai, je les ai vus!

— Et qu'as-tu vu? disait Nodier, qui déjà avait oublié son gros mensonge. — J'ai vu les cinquante mille francs chez M. Laffitte; ils y sont bien! » Et d'embrasser ce mari prévoyant. Aussi Nodier a-t-il dédié à M. Laffitte son plus beau livre : *Souvenirs de la Révolution!*

A coup sûr, c'est bien beau, peut-être, d'avoir fait la révolution de Juillet; mais une bienfaisance si aimable et si simple, c'est bien touchant!

Je te serre la main de tout mon cœur, et j'embrasse tous les tiens.

Ton frère.

A M. Sébastien Janin, à Saint-Étienne.

Paris, 29 juin 1844.

Mon cher frère,

Vous allez avoir Listz dans vos contrées; recevez-le bien, c'est un grand artiste. Il a l'inspiration, le génie et la bonté. Il a joué, dimanche passé, au bénéfice de Mme Berton, et il a été admirable. Konstki jouait avec Listz; Konstki a été couvert de bouquets. Listz n'a reçu qu'une rose blanche, mais la rose portait un baiser!

M. Augustin Thierry, privé par la mort de l'appui clairvoyant de sa vieillesse, a été enlevé de la maison qui lui rappelait sa femme attentive, dévouée, bien-aimée, et il habite à cette heure l'hôtel de la princesse Belgiojoso. C'est la même dame, célèbre par son esprit, son élégance, sa beauté et sa science théologique, qui a publié l'an passé l'*Histoire du dogme*, et cette année une traduction de la *Philosophie* de Vico. C'est bien le cas de dire : « Où donc le dogme et la philosophie vont-ils se nicher ? »

Au reste, les dames les plus belles, du premier ordre, se disputent à qui remplira auprès de M. Thierry le rôle de Mme de la Sablière auprès du bon La Fontaine. Note bien que l'illustre auteur de l'*Histoire de la conquête des Normands* a sur notre fabuliste ce grand avantage — il est aveugle ! A ses yeux, du moins, ces dames ne peuvent pas vieillir.

L'exposition de l'industrie en est à son dernier jour... Au reste, Paris se dépeuple. La province, torrent débordé, rentre dans son lit. Les théâtres ont retrouvé le vide ; les gens heureux sont partis pour la campagne. M. Guizot lui-même a loué, à Auteuil, non pas le palais habité par M. Thiers durant son dernier ministère, mais une maison plus modeste, la maison de feu le baron Gérard, le premier peintre du feu roi Charles X. La maison est de médiocre apparence ; le pavé est grand et mal tenu ; on a fait de la pelouse une meule de foin. Trois jolis enfants, un petit garçon déjà presque sévère comme son père, une jeune fille de douze à treize ans, sa sœur qui en a bien huit ou dix, — le portrait de sa mère, — prêtent à cette demeure un peu triste les grâces et l'éclat de leur enfance heureuse et respectée.

Si les ennemis de M. Guizot pouvaient le voir causant avec sa jeune famille, attentif aux moindres paroles de sa vieille mère, aimable pour ses amis, oublieux du travail de la journée, s'inquiétant peu des injures du lendemain, peut-être que cette haine s'arrêterait quelque peu, subjuguée par tant de calme, de courage, de probité et de bon sens !

Bonjour. Nous vous embrassons tous.

A M. Arsène Houssaye.

1844.

Mon ami,

Je suis bien touché de votre souvenir. Une bonne poignée de main qui nous arrive ainsi, en hiver, vous cause la joie d'un rayon de soleil.

Votre lettre m'a trouvé sous mes arbres de Passy [1], de vieux bonshommes encore roides et qui ont conservé toute leur chevelure. Les arbres et nous, la même vie, le même avenir!

Seulement me voilà plongé dans ce bourbier qu'on appelle la vie de Paris. Depuis tantôt dix mois, je suis attelé à cette nouvelle galère, et depuis dix mois pas un pauvre petit conte, pas une fantaisie, pas un petit concerto de la quatrième corde!

Heureusement que je suis amoureux de ma femme, et que l'amour jette, même sur les Carlovingiens, je ne sais quelle auréole qui les rend invraisemblables. D'ailleurs, j'ai fini; me voilà désarçonné! Encore six semaines, et j'écrirai (je le

---

1. Non pas encore le chalet, mais un petit château acheté par le beau-père de J. Janin dans la grande rue.   A. H.

jure) le mot *fin* au bout d'un volume de six cents pages[1], sans un seul blanc!

Pas de blancs! Le blanc, fléau de l'homme qui écrit... le blanc, qu'on repousse! Cette consolation du style, que je l'ai regrettée depuis dix mois, et que de fois j'ai chanté la romance :

Petit blanc, mon bon frère!

Plus j'y pense, et plus je trouve que vous avez choisi la plus belle part de notre littérature. Vous allez, vous venez, vous riez, vous rêvez; on vous voit, on ne vous voit plus, et tout d'un coup voilà un joli livre qui apparaît comme une carte de visite. J'ai lu et j'ai relu, et vraiment vous avez bien du talent et beaucoup d'esprit.

Bonjour, encore une fois, bonjour. Présentez à votre aimable femme tous mes respects et toutes les bonnes tendresses de ma femme, et croyez-moi, mon très-cher frère,

Tout à vous et toujours à vous.

1. La Bretagne.

A M. Arsène Houssaye, à Bruyères.

Jeudi, 1845.

Bravo et bravissimo!

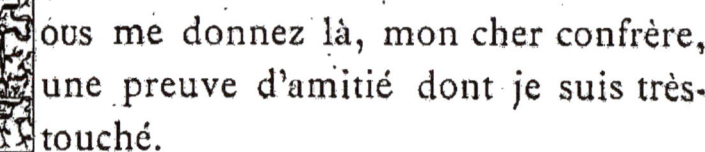ous me donnez là, mon cher confrère, une preuve d'amitié dont je suis très-touché.

Annoncer si vite à un ami une si bonne couche, c'est preuve qu'on est sûr de la joie qu'on lui cause; et qui mieux que moi peut vouloir votre bonheur? J'en jure par les douleurs qui m'ont brisé lorsqu'à deux reprises différentes ma pauvre jeune femme a supporté les tortures d'un accouchement prématuré :

Et tant souffrir, et ne pas être mère!

Vous êtes plus heureux, votre femme et vous; vous vous êtes appliqués à avoir un bel enfant, et vous l'avez. Maintenant ce sera à votre femme à apprendre à la mienne comment cela se fait!

Vous rappelez-vous, vous êtes venu, à votre première journée de mariage, donner le bras de votre femme à ma femme, qui faisait alors preuve de son expérience de trois années? Qui est-ce qui enseignait, — l'une ou l'autre ? La vôtre, si ignorante, ou la mienne, si peu convaincue ? — heureuses, belles et charmantes toutes les deux !

Je vous remercie d'être si heureux et de si bien le dire. Soyez sûr qu'à mon tour, quand un enfant me sera né, vous serez le premier averti. Ma femme en a pleuré de jalousie. Cependant le bon mouvement est revenu ; elle a voulu écrire à l'heureuse mère, et c'est ce qu'elle va faire en se repentant.

J'embrasse le père, l'enfant et… ma foi, j'embrasse la mère.

A vous de cœur.

A Madame J. Janin.

13 octobre 1846, minuit.

Ma chère enfant,

JE ne sais pas comment fait Mme la Poste, qui devrait être une de mes amies, pour garder mes lettres si longtemps dans ses mains rapides, ailées et pleines de vapeur ! Il faut que la bonne dame soit amoureuse des bons sentiments, des tendresses sincères, des vifs élans du cœur. Alors elle me lit, elle copie mes lettres, elle les garde pour se délasser de tous les mensonges, de toutes les trahisons, de toutes les lettres anonymes qu'elle colporte chaque jour! Voilà pourquoi tu reçois mes lettres si tard, car je les écris exactement, tant je sais bien qu'un petit rayon de soleil fait grand plaisir dans le nuage, un petit mot d'amitié dans le silence!

Toute cette journée d'aujourd'hui a été employée à mille fantaisies innocentes, et, tel que tu me vois, je suis resté chez moi tout le jour avec une barbe de cénobite. Quel beau capucin j'aurais fait! Seulement, pour me distraire, j'ai envoyé chercher Amyot. Il est venu, et nous avons causé de Clarisse, — la divine Clarisse! — et puis de Rameau, Rameau le déguenillé et le coquin, mon nouveau héros, mon nouveau conte, mon nouveau drame. Comme j'étais en train de causer, j'ai récité tout mon livre, chapitre par chapitre, et vraiment ça t'aurait amusé... Rien n'est amusant comme un homme en mal d'enfant. Amyot était ébahi; seulement il a peur de la police correctionnelle et de M. le procureur du roi!

Pendant que j'étais en train, ta chère petite lettre est arrivée, et alors j'ai congédié Clarisse d'un regard, j'ai mis Rameau à la porte d'un coup de pied, et je suis revenu à ma vraie Clarisse, Clarisse-Adèle, deux beaux noms qui veulent dire la même chose.

A ce propos, je te dirai que j'ai reçu une *révé-rendissime* lettre de M. le prince de Ligne. Il est impossible d'écrire mieux comme un grand seigneur plein de grâce, de bonté, de bienveillance. Il espère bien, dit-il, nous avoir, toi et moi, cet hiver, chez lui! Il se souvient avec joie de notre rencontre dans son royaume de Belgique; bref, sa lettre est parfaite, et j'en suis bien touché. Aussitôt que le roi sera de retour dans sa capitale, M. le prince de Ligne lui remettra ma *Clarisse;* du reste, il m'assure que le roi m'aime fort et que je n'avais pas besoin d'intermédiaire auprès de lui.

J'ai raccommodé les affaires de Mlle Rose Chéri avec M. Mittchell. Mittchell avait renoncé un peu brusquement à Mlle Chéri, et avait écrit une lettre peu aimable. Je l'ai fait revenir, et j'ai obtenu 1,250 francs par représentation, ce qui est diablement bien payé, 1,250 francs! Mais je tenais à ce que Mlle Chéri jouât *Clarisse* à Londres. Le père Chéri a contracté un engagement très-heureux ; reste seulement à savoir si le directeur du Gymnase consentira à laisser partir Mlle Chéri au mois d'avril.

Au demeurant, *Clarisse* obtient à Londres un grand et très-grand succès. Tous les théâtres auront, avant peu, leur *Clarisse Harlowe*. Le théâtre de la Cité a fait comme le théâtre de Maddox, il joue les Harlowe. C'est une rage à Londres, et maintenant la presse anglaise me loue d'*avoir rendu aux Anglais un des chefs-d'œuvre de leur littérature*. Ceci est mot pour mot, ce matin, dans un journal important de Londres! Je suis bien fâché de te parler toujours de la même chose; mais c'est qu'en vérité c'est la chose importante. Il faut bien, de temps à autre, avoir sa récompense!

Aujourd'hui même j'ai reçu la visite de M. Leverrier, cet homme heureux, cet homme habile, qui a découvert une étoile, un monde nouveau, parmi tous les mondes qui courent dans l'espace. C'est encore un jeune homme — trente-quatre ans et blond! — Il m'a expliqué par quelles suites infinies de calculs il était parvenu, du fond de son cabinet, à retrouver ce monde que personne avant lui n'avait pressenti. C'est un peu long à raconter. On connaît, jusqu'à ce jour, dix-sept planètes; chaque planète est séparée du soleil de cette façon-ci... Suppose que la planète n° 1 soit à quatre mille lieues du soleil, la planète n° 2 sera à huit mille lieues, la planète n° 3 à seize mille lieues, et toujours ainsi, en doublant toujours les distances. Depuis Newton, chacune de ces planètes obéit à la loi universelle que Dieu et Newton lui ont tracée, à l'*attraction*. Les évolutions sont régulières, et rien n'a dérangé cet ordre immuable;

seulement la dernière planète, *Uranie* (je crois que c'est son nom), n'obéissait pas à cette loi nécessaire, absolue, unique, de l'attraction. Pourquoi ces détours? pourquoi ces hésitations? pourquoi cet astre était-il en révolte? On n'en savait rien, et cependant Uranie donnait splendidement à Dieu et à Newton le seul démenti que Dieu et Newton aient reçu dans leur vie !

Par une suite incroyable de calculs, d'inductions, et de conséquences en conséquences, M. Leverrier s'est dit à lui-même : « A coup sûr une planète invisible, inconnue, mais obéissante, est placée de toute éternité entre la planète n° 16 et la planète n° 17. Supposons ma planète sans nom, et Uranie rentre dans la règle universelle des étoiles. Or cette planète, si elle existe, domine la planète 17. Et, ceci trouvé, notre homme a trouvé le volume, le poids, le mouvement, la vie, la lumière de son étoile; il a dit quelle place elle occupe, quelle route elle doit suivre, quelle impulsion elle donne à la planète Uranie ! C'est merveilleux ! Et cela se faisait la nuit, sans regarder le ciel, sous le nuage, à la clarté d'une lampe, pendant que tout dormait ici-bas et là-haut ! Et cet homme, d'un doigt sûr, indiquait son astre! et il marchait d'un pas ferme à travers ces sentiers dominateurs semés de mondes inconnus !

Et, quand il a été bien sûr de son fait, il a voulu monter à l'Observatoire de Paris... L'Observatoire de Paris était fermé : il n'est abordable qu'à ceux qui ne découvrent pas de planètes. Alors qu'a fait M. Leverrier? Il a écrit à un confrère de Berlin : « Vous qui avez un observatoire et des instruments puissants, armez-vous de votre plus limpide télescope, et à cette place, à côté de cette étoile, dans cet espace nu jusqu'à ce jour, cherchez! Vous trouverez une étoile faite comme ci et comme ça! » C'est ainsi que nous disons à Julie, quand elle est de bonne humeur : « Allez sur la place de l'Odéon nous chercher un cabriolet-milord pour mener Mme Janin au bois de Boulogne. » Seulement Mlle Julie revient souvent en disant qu'elle n'a plus trouvé de citadine, et elle nous amène un horrible fiacre, pendant que le *Berlinois* a ramené à M. Leverrier son étoile! Cette étoile, elle attendait le genre humain à cette place que M. Leverrier indiquait, ni plus haut, ni plus bas! Pas un quart de seconde en deçà ou au delà de sa limite! N'est-ce pas que c'est merveilleux? n'est-ce pas que c'est un grand miracle? n'est-ce pas qu'on ne saurait rien imaginer de plus majestueux dans le génie, de plus grand dans la volonté, de plus auguste dans la science?

Voilà l'étoile! voilà le monde nouveau! voilà

le ciel agrandi par un homme dont je pourrais être le père ! Oh ! que c'est honteux pour nous autres, les jurés peseurs de diphthongues, les assembleurs de mots, les faiseurs de périodes ! Chercher des drames à l'Ambigu, des poux dans la paille, pendant qu'une créature humaine trouve des étoiles dans le ciel !

Ce crétin de Salvandy s'est imaginé qu'il pouvait payer cette chose en faisant une rosette au ruban rouge de M. Leverrier !... Note bien que ce Salvandy est lui-même *grrrand* officier de la Légion d'honneur ! Quel idiot ! Il fallait qu'il arrachât son large ruban de son corps et qu'il le plaçât, en guise de tapis, sous les pieds de M. Leverrier !

J'ai été très-content et très-honoré de saluer un si grand homme. Son étoile brillera là-haut de sa clarté éternelle quand il ne sera plus question de personne parmi ce qu'on appelle des hommes, — à commencer par Homère, à finir par M. Jules Janin !

Je te prie de bien me remercier de cette leçon d'astronomie ; j'espère qu'elle t'aura fait autant de plaisir qu'elle m'en a fait à moi-même.

Bonjour, chère enfant ! bonjour, mon trésor adoré ! Que je suis bête d'envier M. Leverrier, comme si je n'avais pas trouvé, moi aussi, mon étoile dans le ciel !

A M. d'Azémar.

8 avril 1847.

Mon cher camarade,

Je suis un bien grand ingrat envers toi! Une si bonne lettre que tu m'as écrite! de si bon vin que tu m'as envoyé! J'ai bu à ta santé la première bouteille; je garde les autres pour fêter ton retour.

Vingt fois j'ai voulu te répondre et te remercier; mais le moyen? J'ai tant de choses à écrire pour gagner ma vie! Je remets à demain mes plus chers devoirs, et le lendemain se passe. Heureusement que tu me connais bien et que tu ne doutes pas de moi. J'ai été trop heureux de te retrouver pour te vouloir perdre ainsi, et je t'aime trop pour que tu ne m'aimes pas un peu de ton côté.

Tu m'as envoyé un bon camarade, qui a bien de l'esprit, de l'imagination et du talent. J'ai lu son dernier livre des *Péchés mignons*[1], et j'ai été tour à tour ému, charmé, épouvanté. Il aura la joie de te revoir avant peu, et il te remettra deux bouquins de ton ami J. J.

---

[1]. Roman par M. A. de Gondrecourt.

En ce moment, je suis en train de mettre au four une nouvelle fournée, et je te la ferai passer aussitôt que le levain sera levé; mais quel triste métier! On n'a pas plutôt tiré qu'il faut recharger; on n'a pas plutôt fini qu'il faut recommencer. Il faut porter son métier comme on porterait une pierre au sommet de la montagne. C'est la roche de Sisyphe; il faut lui obéir!

Je voudrais bien que tu vinsses quelque peu à Paris : une heure de causerie vaudrait mieux que toutes ces lettres. Mais enfin on fait ce qu'on peut et comme on peut.

Adieu! adieu! Je te prie de présenter mes hommages et mes respects à Mme d'Azémar, et toi, mon cher ami, je t'embrasse de tout mon cœur.

A Mademoiselle A. Brohan.

1847.

Ah! oui, elle est bonne! Il m'écrivait, à moi : « Mademoiselle, je vous trouve belle, charmante, pleine de grâce, et de goût, et d'esprit... Permettez..., etc.[1] »! Le drôle

---

1. On comprend que l'auteur de cette lettre, écrivant en même temps à J. Janin, s'était trompé d'enveloppe et avait envoyé au critique la lettre écrite pour la charmante comédienne.

n'était pas dégoûté !... Moi, modeste, j'ai gardé la lettre... pour y mettre mon nom et pour vous la renvoyer. Peut-être ça m'eût-il rapporté quelque chose ! — J'attends, et, en attendant, je vous dis... je ne vous dis que ça !

Votre lettre sera rendue à ce marquis, et il en est vraiment digne; il a de l'esprit comme trois bourgeois qui en auraient comme quatre.

Votre bien dévoué et sincère ami.

A Mademoiselle Rachel.

16 juillet 1848.

Vous êtes un enfant charmant, et il faut que je vous dise combien votre aimable petite lettre à été la bienvenue, car vous savez si je vous aime et si cela me rend heureux de vous retrouver toujours au moment où l'on y pense le moins. Ah! ma chère Rachel, que la vie est triste et que vous avez bien fait de partir ! Vous n'entendrez que de loin le bruit de ces désordres, de ce canon qui gronde, de ces discours remplis de menaces et d'épouvantes. Nous autres surtout, qui ne vivons que du calme, du silence, de la paix universelle;

de l'attention publique, nous ne pouvons guère nous habituer à ces émotions, ou pour mieux dire à ces délires qui emportent toutes les âmes au delà des drames les plus terribles, des tragédies les plus sanglantes, laissant de côté, comme un bagage inutile, la poésie et ses interprètes les plus populaires. Voilà pourquoi l'artiste doit désirer les révolutions quand elles ne viennent pas, car leur approche donne toujours un certain éveil au génie d'un grand peuple. Sont-elles arrivées, le poëte courbe la tête, et il comprend qu'il est vaincu par une force surnaturelle. C'est là ce que disait un poëte de l'Empire, le vénérable Baour-Lormian. « On n'a pas plutôt fait un chef-d'œuvre, disait-il, que l'empereur vous le coupe sous le pied avec une *fichue* (il ne disait pas *fichue*, il disait un plus gros mot) victoire de sa composition. » Eh bien! à nous autres, on nous coupe l'herbe sous le pied, non pas, hélas! avec des victoires, mais avec des émeutes, des barricades, des assassinats, des menaces, des tristesses, des vengeances, des barbarismes dans toutes les bouches, de la fureur dans tous les yeux, du désespoir dans tous les cœurs.

C'est à ce point que personne, à Paris, ne songe plus à être amoureux, non pas même pour un quart d'heure. Il est vrai que vous n'êtes pas à

Paris, et que la chose devient plus vraisemblable ; mais, en fin de compte, j'estime que depuis tant et tant de jours il ne s'est pas fait une déclaration, il ne s'est pas écrit un billet doux, il ne s'est pas donné un bouquet pour le *mauvais motif*, qui était, ne vous déplaise, le *bon motif*. Bref, c'est une désolation parmi les belles et les jeunes de se voir si cruellement négligées ; elles se lamentent, et personne ne les console ; elles soupirent, et le soupir est sans écho ; elles se plaignent de leur printemps inutile. Il n'y a que vous qui soyez restée au piédestal de votre jeunesse, entourée, fêtée, applaudie, aimée, et, Dieu merci, inconstante ! car le moyen de ne pas s'arracher les cheveux, si vous n'étiez pas plus perfide que l'onde, plus inconstante que le nuage, plus légère que l'oiseau ! A propos d'oiseau de passage, j'en ai rencontré un d'une belle volée, qui s'appelle M. de Juvisy, et avec qui nous avons fait une grande amitié. Voyez la sympathie ! M. de Juvisy m'a écrit, et sa lettre et la vôtre me sont arrivées le même jour, au même instant ; mais moi, jaloux, je n'ai pas marié les deux lettres, je les ai mises à part, dans deux chemises différentes, et je les entends, les pauvres petites, qui soupirent, qui se plaignent et qui se débattent, comme si elles voulaient voler dans les bras l'une de l'autre... Pas de ça, Lisette! je ne veux pas être le grand prêtre de ce *conjungo*, et c'est déjà bien assez d'avoir voyagé avec mon rival, d'avoir causé avec lui... et de vous encore, et de l'avoir conduit jusqu'aux frontières de l'Allemagne, où ce Talleyrand blond, sous prétexte d'être ambassadeur à Berne, trouvera moyen de faire les affaires de la république à Genève. O république française, quel joli métier ce monsieur et cette jeune personne te font jouer !... Vous devriez bien, puisque je suis veuf pour trois semaines, m'écrire une lettre un peu tendre; *je rêverai le reste...* comme disait Héloïse, et ce serait autant de gagné.

Nos malheureux théâtres sont fermés, verrouillés, palissadés, et les plus ouverts ont vu s'établir des hôpitaux dans leurs foyers en deuil. On dit cependant que lundi prochain le Théâtre-Français et l'Opéra donneront le signal d'une demi-renaissance, qui ne mènera pas à grand'-chose tant que vous ne serez pas de retour; mais enfin ce sera un prétexte pour donner à votre théâtre et à l'Opéra une assez bonne somme d'argent. J'ai vu hier Mme Allan, qui m'a raconté une foule de petits cancans, qui deviennent très-amusants dans un moment où l'on ne parle que de morts et de mourants. Il paraît que les pensionnaires du Théâtre-Français et celles du Vaudeville (je parle des lionnes) sont dans une grande pénurie, Mlle Judith et Mme Doche, par exemple, que ces *gueux d'huissiers* ont beau jeu de poursuivre à outrance, comme si la contrainte *par corps* n'était pas abolie !

Voilà mes nouvelles. J'oublie parfaitement que de cette belle lettre que je m'amuse à vous écrire vous ne pourrez peut-être pas lire quatre mots ; heureusement que vous avez à votre suite mon confident Albert, qui est très-habitué à ma mauvaise écriture, et qui vous traduira mon grimoire en son patois. Cependant je me méfie toujours des traductions.

Bonjour, la charmante création de l'art et de la nature, de l'esprit, de la malice, de l'inconstance, du hasard et du bon sens ; mille amitiés et tout à vous.

A M. Léon Guillard, à Montpellier.

28 août 1848.

Ami et confrère, vous m'avez écrit une belle et bonne lettre qui m'a rendu fort heureux et très-content. C'est en effet pour les honnêtes esprits et pour les âmes loyales que je veux écrire, et, tant que leur appui sincère ne me manquera pas, j'aurai du zèle et du courage.

Vous cependant, mon camarade de tous les jours, au milieu de la douce oisiveté du toit paternel, dans les joies sacrées et menacées de la famille, vous me rappelez toujours le poëte qui n'est jamais content de son partage. Vous êtes heureux et inquiet, et tantôt à votre ambition littéraire, tantôt à votre père et à votre sœur ; un jour à votre nièce, l'autre jour à ce bandit de Machiavel, qui serait diablement épouvanté s'il pouvait connaître Flocon, Caussidière et Ledru-Rollin. Vous allez du repos au travail, des fêtes intimes à la fête publique, du petit jardin au grand théâtre, des câlineries qui vous entourent à la coupe empoisonnée et au coup de poignard. Eh bien ! soyez content ! Le Théâtre-Français s'occupe de votre drame ; il était même question de vous faire la surprise de votre pièce mise à l'étude avant votre retour, et je ne comprends pas d'où vient le retard apporté au *Machiavel*. C'est la grande question du jour ; il n'y a pas jusqu'au directeur de l'Odéon qui ne soit venu pour me demander votre drame, avec des prières et des respects infinis. Je lui ai dit : *Pas de ça, Lisette !* Quant à voir M. Lockroy, bonsoir la compagnie !

Il ne vient me voir que lorsqu'il a besoin de moi ! Attendons-le, et cependant, si je le vois, soyez sûr et certain que je ne lui parlerai que de l'ami Guillard.

M^le Nathalie joue en ce moment *Un Dernier Amour* sur le théâtre national de Dieppe, où rien ne manque, sinon le public d'autrefois. Votre belle et reconnaissante comédienne se recommande à votre esprit pour cet hiver, et le Vaudeville vous a placé au premier rang de ses causes de résurrection.

On joue toujours votre pièce au Théâtre-Français, et vous l'avez échappé belle : peu s'en est fallu que *Clarisse* ne fût jouée à l'Opéra ! O la joie de votre oncle Guillard, retrouvant le nom de son neveu sur le théâtre de ses succès !

Mon cher ami, voulez-vous dire à votre honorable père et à votre très-aimable sœur mes meilleurs et mes plus dévoués souvenirs ?

Je vous embrasse et je vous attends.

A Mademoiselle Camille Janin, à Saint-Étienne.

8 janvier 1849.

Ma chère enfant,

Hélas! depuis ton départ, que d'événements cruels, impitoyables! Tout ce que j'aimais, tout ce que j'honorais est tombé! Nos amis sont en fuite, en exil; quelques-uns sont morts... La ruine est partout, partout la tristesse et l'épouvante, dans toutes les âmes dans tous les cœurs! Dieu merci, tu es trop jeune et trop ignorante des choses du monde pour comprendre tous les changements que vingt-quatre heures peuvent apporter dans les travaux et dans les espérances d'un pauvre écrivain comme moi. J'avais en effet l'espoir certain d'arriver bientôt à la réalisation de mes rêves : un coup de vent a renversé ma fortune! Heureusement que j'ai du courage, que j'ai acquis et je puis dire conquis une bonne renommée, et que le lendemain même de la tempête, je me suis remis au travail comme si nous étions en pleine paix. Voilà pourquoi je ne suis pas trop triste et pourquoi il ne faut pas me plaindre. Dans le temps où nous vivons, c'est quelque chose de sauver sa tête; c'est beaucoup surtout de sauver l'honneur.

Mais de quoi vais-je te parler, à toi, l'enfant heureuse qui n'as qu'à te laisser vivre, l'enfant qui vas entrer dans la douce première jeunesse? Console-toi, tu n'auras pas dix-huit ans que notre pays sera revenu à des sentiments meilleurs. La France est une bonne mère qui n'aime pas les longs désordres, les mœurs mauvaises, les mensonges, les révoltes, les menaces, les guerres civiles; elle a bien ses quelques moments d'instabilité et de folie, mais, en fin de compte, c'est toujours la justice, la vérité et le bon sens qui l'emportent chez nous, à moins que la France ne soit condamnée à tomber au rang des peuples barbares!

Courage donc, ma chère enfant; et cependant mets à profit tes belles années pour étudier un peu, pour apprendre ce qu'on doit apprendre, c'est-à-dire à aimer les beaux livres, les études utiles, l'histoire, surtout l'histoire du passé, pour comprendre l'histoire de l'heure où nous sommes! Tu es très-capable de cette attention sur toi-même; tu es intelligente, et ces moments bien employés seront pour toi d'un grand profit.

Pardonne-moi ce petit sermon, et, pour peu que cela continue, écris-moi souvent. Je te répondrai toujours et je tâcherai de te guider de mon mieux.

Ta bonne et belle tante, qui a été très-touchée de ton souvenir, partage tout à fait mes sympathies pour toi. Tu l'as vue, et tu as pu juger par toi-même de ce noble cœur, de ce vif esprit, de cette bonne humeur calme, heureuse, et que rien n'étonne. Elle est sérieuse, elle est savante; chacun l'aime et l'honore : c'est la grâce et la simplicité mêmes, c'est mon orgueil et ma consolation.

Dans les épreuves que nous avons traversées, elle n'a pas eu un seul instant de découragement ou de terreur ; elle a vécu au milieu de l'émeute, au milieu des cris et des haines, et elle n'a pas voulu me quitter, comme je l'en priais moi-même! Ce sont là de bons et utiles exemples, et qui doivent d'autant mieux porter leurs fruits qu'ils sont pris dans la famille, qu'ils sont là sous nos yeux, complets, parfaits, excellents! C'est la grande affaire de la vie, une femme honorée, un mari que l'on respecte et qui vous aime.

Je t'embrasse, ma chère enfant, de tout mon cœur.

A Mademoiselle Rachel.

30 juillet 1849.

QUE je suis heureux et que je suis fier, mon cher enfant, d'avoir retrouvé sur votre jeune et charmant esprit toute mon influence, et quel grand honneur ce sera

pour moi de vous avoir maintenue en ce
Théâtre-Français que votre absence allait tuer,
et qui tombait le jour même de votre démission!
Il n'y a que vous, et vous seule. « Moi seule, et
c'est assez! » disait l'ancienne Médée. Oui,
certes; mais, vous absente, adieu le reste! Ils ont
beau faire et chercher partout où vous n'êtes
pas, ils ont beau annoncer à son de trompe une
nouvelle Rachel tous les huit jours..., rien n'y
fait; vous êtes la reine, et il faut se soumettre. Ayez
donc ceci pour constant, que votre œuvre et
votre vie à venir sont attachées au théâtre, et que
si vous abandonniez cette force et cette gloire où
vous êtes vous en auriez un éternel repentir.
Songez donc à vos belles soirées, songez à la
foule attentive et curieuse, au poëte ému, à la
critique impatiente, à l'intime émotion du premier vers, à l'applaudissement définitif! Quiconque a bu à cette coupe une seule gorgée en
a pour le reste de ses jours à sentir le goût du
breuvage enivrant, à plus forte raison s'il a vidé
la coupe jusqu'au fond et s'il s'est enivré de la
douce liqueur.

Je ne suis qu'un petit artiste, moi qui vous
parle : à peine si je suis suivi de quelques lecteurs; mais, s'il me fallait renoncer à mon lundi
de chaque semaine, à coup sûr j'aimerais mieux

mourir, tant ça me charme et ça me plaît de parler au lecteur et de lui raconter ce que rêve ma tête et ce que pense mon cœur ! Ainsi, pas d'excuse à une retraite prématurée ! Heureuse, le théâtre augmente et double votre joie ; en deuil, le théâtre est une consolation. Rappelez-vous Henriette Sontag ! Elle s'en va au plus beau moment de la grâce et du charme... Vingt ans après, elle saisit le premier prétexte à revenir au théâtre ; elle y revient : à peine la veut-on reconnaître, et (l'infortunée !) elle est morte à la peine. Elle vivrait heureuse, honorée et forte, si elle avait chanté tant qu'ont duré ses beaux jours. La belle affaire, après tout, de se reposer à trente ans !

C'est pourquoi je vous loue et je vous aime de revenir si vite et si bien prendre terre à Paris ! Qu'importe le jour de cette fête ? On vous verra, vous serez applaudie, et vous aurez prouvé, une fois encore, que le grand artiste est supérieur même au chagrin le plus légitime. Hélas ! pendant que vous quittez Bruxelles, je quitte Paris ; à peine si nous pourrons nous saluer en passant. Une poignée de main, comme c'est peu, quand on est de si grands amis que nous, quand chaque jour a serré les liens, agrandi l'estime et justifié la tendresse ! Heureusement que Spa est une ville amie et propice : on s'y trouve, on s'y dit bonjour à la face du ciel, on s'y câline, on s'y dorlote, on s'y repose; et que je serai donc content de vous y rencontrer, mon enfant bien-aimé! Je ne sais pas tout à fait le jour de notre départ. J'ai bien à écrire encore avant ce jour heureux.

Je vous embrasse de tout mon cœur.

A M. Ch. de Lacretelle, à Mâcon.

12 juillet 1850.

Monsieur et cher maître,

Je ne voudrais pas abuser de vos bontés pour moi, et cependant il m'est impossible de ne pas vous rendre mille actions de grâces à propos de votre chère et bienveillante lettre du 8 juillet. Vous avez dépassé toutes mes espérances, et maintenant je n'ai plus de récompense et plus d'encouragement à demander à personne. Vous exercez, Monsieur, autour de vous, une véritable magistrature dans laquelle on retrouve le coup d'œil du juge et la bienveillance du maître. Il faut vous entendre, il faut vous voir à l'œuvre, il faut se rappeler les travaux et les pensées de votre vie entière, pour savoir avec quelle passion intelligente et généreuse un Français peut aimer la France!

En ce moment, nous sommes sous le coup de cette loi nouvelle, la loi Tinguy, qui peut tuer le *Journal des Débats*. Quelle embûche et quelle mauvaise foi! et comme les journaux sans lecteurs se vengent des choses acceptées! et combien votre cœur a dû bondir à l'annonce de ces tortures imposées à la libre pensée! Heureusement que la presse de ce pays a traversé bien d'autres lois de la même *justice* et du même *amour!*

Il faut dire cependant que le coup est rude, et que cette nécessité de signer un article politique tous les jours userait à la longue les plus intrépides écrivains; que plus d'un homme politique renoncera à la tâche quotidienne, et qu'enfin la voix du journal perdra beaucoup de sa toute-puissance à être la voix d'un seul après avoir été la voix de tous!

Voilà comment se passent, pour nous, les belles journées de cette saison délicieuse, en transes de toute sorte, en mille combats que chacun de nous est en train de livrer *pro domo sua*.

Puisque je vous parle de Cicéron, je lisais, ce matin même, un passage où il appelle la reconnaissance *domina honoris*, la mère et la reine de l'honneur. J'ai compris à merveille l'excellence de cette belle parole en songeant à mon respect et à ma vénération pour vous.

A M. Prosper Ménière, à Paris.

Londres, 3 mai 1851.

Ami Ménière,

Il ne faut pas croire que l'on vous oublie au milieu de ces merveilles dont je suis ébloui! Au contraire, à chaque moment, je voudrais vous avoir près de moi pour vous faire partager cette émotion très-sérieuse qui s'est emparée de moi, pour la première fois de ma vie, les jours derniers.

Vous savez ma peine et mon ennui aussitôt que je suis hors de mes habitudes et de mes limites naturelles? Il me faut, comme à un myope que je suis, un horizon rétréci; et, si vous me transportez au sommet de cette montagne du haut de laquelle N. S. Jésus-Christ, monté sur les épaules du diable, put contempler tous les royaumes de l'univers, soudain je ferme les yeux et je n'en veux pas voir davantage!

Grand Dieu! cette fois j'ai les yeux tout grands

ouverts; j'admire et j'écoute, je vais et je viens, et je ne reste en place que pour travailler. Il est vrai que j'ai du travail par-dessus la tête!

J'ai vu des choses ici, à l'exposition, que les Anglais eux-mêmes n'ont pas vues, et j'en suis tout fier. Quant à être reçu comme un prince, accueilli, fêté, caressé, invité, ce n'est pas croyable, et cependant on ne sait que je suis ici que depuis deux jours! A Londres, il faut avant tout se *tenir* et vivre avec grande réserve. Toute grande qu'elle est, la ville est une petite ville, et lord Carington m'a raconté qu'il était venu voir dans quelle maison j'étais logé! — Ta maison est de verre, et la rue est un théâtre...

Si, par bonheur, mes articles au *Journal des Débats* ont du succès ici, je serai dans huit jours un homme considérable. Mais (chose incroyable) c'est le succès et la popularité de notre journal. On dirait qu'il est partout! Il est vrai qu'il n'est pas un journal anglais qui ne le cite à tout propos et chaque jour; mais enfin nous autres, qui savons à combien peu d'exemplaires cela se tire chaque jour, comparé à ces masses énormes de certains journaux anglais qui procèdent par cent mille feuilles, il est impossible de se rendre compte d'une pareille autorité!

Je suis ici plus connu qu'en France, ce qui n'est

pas beaucoup dire, et plus aimé, ce qui n'est pas trop dire! Ils savent ce que j'ai écrit depuis bien longtemps, et je suis sûr qu'ils attendent avec impatience mes lettres sur Londres. Au reste, je serai très-bienveillant, et, si je ne montre pas tout mon enthousiasme, il sera assez transparent pour qu'on le voie, et tant pis si l'on s'en fâche là-bas!

Vous savez déjà que c'est demain dimanche que je fais ma visite à Claremont. La reine a parlé de moi avec une bonne grâce infinie, et elle a dit qu'elle serait heureuse de me voir; elle a indiqué elle-même une heure et un jour, afin que je fusse sûr de la trouver. Elle part lundi pour Bruxelles, où vous aussi, mon cher ami, vous aurez la fortune de la voir et de l'entendre, et vous verrez de près quelle est cette grande âme et quel est ce noble esprit royal!

Que si vous voulez savoir ma façon de vivre, elle est très-simple. Je me lève à six heures (*sic*), j'écris jusqu'à huit. A huit heures, je sonne; on m'apporte du thé et du beurre avec une michée de pain. La barbe (le barbier de M. de Chateaubriand, rien que cela!) et des visites.... Puis des choses à voir à l'infini! Je vais seul, au hasard, et je me retrouve! Je dîne où je veux : je n'ai qu'à choisir. Les clubs sont des palais, et j'ai mes entrées dans deux clubs (la *Réforme* et l'*Athæneum*), moyennant quoi c'est comme si j'entrais chez Véry ! Après le dîner, je bois une bouteille de *claret*, c'est-à-dire du meilleur vin de Bordeaux qui mûrisse aux coteaux de la Gironde ; je me promène deux heures par ces nuits claires et presque tièdes, et je rentre enfin à l'aide d'un passe-partout et de ma lumière, qui m'attend paisiblement au bas de l'escalier.

Je suis logé comme un prince, dans une très-belle rue, et j'ai pour hôtesse la plus jolie et la plus rieuse jeune femme des trois royaumes, d'autant mieux qu'elle est née un peu dans la rue de Rivoli... Le mari est un jeune homme un peu moins vif que la femme. Il y a aussi un petit garçon de onze ans (le fils d'une blanchisseuse et d'un homme de lettres français, hélas !) qui est bien le plus aimable petit enfant du monde. Il ne me quitte pas d'une minute, sait l'anglais comme Samuel Johnson, le français comme moi, et je n'ai pas besoin de m'inquiéter de rien avec mon interprète.

Je ne suis pas encore allé au théâtre, et pourtant les deux grands directeurs Mittchell et Lumley m'envoient chaque jour une loge...

Voilà à peu près tout depuis tantôt trois jours que j'existe ici, car on ne m'y a deviné que depuis trois jours, et vous seriez émerveillé de ma liste d'invitations, de présentations, de salutations !

Au reste, j'espère bien que vous verrez tout cela de vos propres yeux, et comme je serai heureux de vous revoir !

Il me semble que je ne reviendrai jamais à Paris... Je suis si bien ici et si heureux ! on s'y trouve si complétement son propre maître ! on y reconnaît à des signes si vrais la force et l'empire ! On marche sur un terrain solide, on obéit à une loi ferme et respectée ; on se prend parfois à se prosterner devant ces hommes dont chacun est à l'œuvre et à la défense de la chose publique ! Et la joie encore de ne pas entendre un seul de ces mauvais bruits qui grondent chez nous dans tous les antres, au fond de toutes les cavernes, au détour de tous les carrefours !

J'espère, ami, que voilà une bonne lettre pour un homme qui fait son métier d'écrire. Écrivez-moi et aimez-moi.

A M. Anatole Démidoff.

22 décembre 1851.

Cher prince,

Dans ces temps d'orage où nous sommes, une tuile qui tombe sur une tête innocente est à peine un événement, et déjà j'en ai tant reçu, de ces projectiles inattendus, que j'aurais bien mauvaise grâce à me plaindre des ardoises de ma maison de Lucques. Elle obéit, l'infortunée ! à la loi un peu brusque des tempêtes qui m'ont frappé. Quoi d'étonnant d'ailleurs? Cette humble maison a usé déjà une monarchie, une république, une constitution, et, toute chancelante et condamnée que la voilà, j'ai bien peur qu'elle n'use encore un empire.

A coup sûr, je n'avais pas le droit d'être plus heureux que les rois Jacques ou Jean sans Terre. Ma maison peut tomber quand elle voudra, je resterai son obligé.

Lorsque notre roi Louis XIV, par la main intelligente de son grand ministre Colbert, fit distribuer de loyales et honorables récompenses aux poëtes et aux écrivains de son temps, il y eut un vieux savant qui acheta des deniers de Sa Majesté une belle maison qu'il décora de cette inscription :

Ædes a Deo datæ.. Ce noble logis, donné par une main royale, dura plus que son propriétaire, et l'inscription placée là perpétua la louange que l'écrivain faisait à ce roi magnifique. Hélas! ce n'est pas un dieu qui m'avait donné la *palazzina Lazzarini* : c'était tout bêtement le hasard. Mon palais s'est écroulé sous les vices de son origine, à l'exemple des plus grandes monarchies ; il m'était venu par hasard, il s'en va comme il était venu... Mon palais et moi, nous sommes quittes. Puis donc qu'il veut tomber maintenant, laissons-le tomber, à condition cependant qu'il n'écrasera personne, non pas même le pauvre diable qui fut son maître un instant. Si maître Pagnini le veut prendre *tel qu'il est et se comporte* (en style d'huissier-priseur), et employer à le consolider chaque année les 400 francs qu'il ne me donnera plus, il me semble qu'il faudrait, à ces conditions peu onéreuses, laisser cette ruine à Pagnini jusqu'à la fin de son bail. Le bail fini, ou bien Pagnini ne voulant plus continuer, on fermera les portes, on fermera les fenêtres de ce *Buen Retiro*. La maison croulera peu à peu, en dedans, incognito, avec moins de bruit certes et de poussière qu'elle n'en fit quand le sort m'en fit présent, sous le bon prétexte qu'un jour ou l'autre je ne serais pas assez riche pour la garder. Vous voyez,

Monseigneur, que mon deuil est bien vite fait de ma fortune, et que je redeviens facilement Gros-Jean comme devant.

Je suis en train de composer un distique latin, que je ferai placer sur les débris de feu mon palais quand il ressemblera tout à fait aux habitations de Thèbes, de Ninive ou de Memphis. « Admirez, passants, — dira mon distique, — les récompenses de la fortune! Ce brin de poussière vous représente le palais d'un écrivain qui a défendu la royauté toute sa vie ; cette propriété en débris appartient au défenseur de la propriété. »

Je ferai ainsi. On n'a pas honte de sa pauvreté quand on a écrit en trois années *la Religieuse de Toulouse* et *les Gaietés champêtres*, après vingt ans d'un honnête travail de chaque jour.

Quant à vendre l'emplacement de mon palais, — *campos ubi Troja fuit*, — j'ai la faiblesse de tenir à ce dernier souvenir du beau voyage que j'ai fait, en ces beaux lieux, dans mes belles années : *Venere duce et auspice*.

Ceci dit, pardonnez-moi, je vous prie, tous les ennuis que cette bicoque vous a donnés, et permettez-moi de vous renouveler ici l'assurance de mon entier dévouement.

*A M. Ch. de Lacretelle, à Bel-Air,
près Mâcon.*

23 décembre 1851.

Mon cher maître, à tout orage, en pleine tempête, on vous retrouve; il faut que vous soyez la bienveillance en personne pour vous inquiéter ainsi de près et de loin de toutes les gens que vous aimez. Quant à moi, enfant de la presse et de ses œuvres, vous avez bien compris que je verrais avec une profonde indignation ces attentats contre la libre parole, et que je ne me consolerais pas d'être dépouillé des droits de ma profession, parce que mon voisin en aura abusé. Certes, l'excès était grand partout, en toutes les âmes, dans tous les discours, dans tous les cœurs; mais l'excès de la liberté ne devait pas nous amener une extrême violence. A tomber d'un abîme dans un autre abîme, autant valait rester dans celui où nous étions. Je l'aimais mieux. Il y avait un certain air de menace et de danger dans la position difficile où nous étions, qui ne déplaisait pas aux honnêtes gens. Attaqués par des gens hors de la loi, ils allaient se retrancher dans la loi même, et de ce rempart souverain ils auraient abattu bien des résistances. Ici, au contraire, on se place au delà de toutes les lois consenties pour attaquer justement des gens qui ont le droit pour eux. Avouez que la violence est un triste point de départ, et que vous avez vu rarement dans les histoires, vous l'historien par excellence, ces origines souillées fournir une autorité respectée et respectable. On célèbre en chœur, je le sais bien, toutes sortes de délivrances ; on crie à l'âge d'or, et que les temps de Rhée et de Saturne sont revenus ; peu s'en faut que les vainqueurs ne hurlent en faux-bourdon les chansons de la Sicile afin de les rendre dignes du Conseil... A ces enthousiasmes, à ces délires de la peur, il n'y a rien à répondre : on se bouche les oreilles, on laisse passer le torrent, on se détourne de sa voie, afin de n'être pas forcé de saluer le triomphateur qui nous écrase sous un cylindre d'airain, et l'on se dit, à l'aspect de ces violences heureuses : « Voilà le chemin du trône, mais à Dieu ne plaise que ce soit là le droit chemin ! *Via regni, sed non causa regnandi!* C'est du Tacite. Il a flétri aussi ces âmes avides d'autorité volée qui trouvent que tous les moyens sont honnêtes pour retenir un pouvoir injuste ! Enfin, mon maître, car je veux maintenir l'indignation qui me domine, je ne saurais vous dire à quel point je suis affligé et malheureux de ces misères que la France accueille avec un *Te Deum?*

Vous avez vu l'attitude de notre journal dans ces heures mauvaises, quel qu'en soit le résultat, et vous avez jugé de nos tristesses. On nous a soumis à une censure si honteuse que les autres censures sont une vraie liberté comparées à ces bandits qui tranchent notre pensée à coups de sabre, et qui ne disent même pas leur nom. Tel était mon découragement et mon désespoir que je voulais partir à l'instant même, et me mettre en mesure de gagner ma vie à l'étranger. On est très-bon pour moi en Angleterre, et dans mon voyage on m'a témoigné les plus vives et les plus sincères sympathies. Il y a, entre autres, un lord Carington, le meilleur et le plus sympathique de tous les hommes, qui, voyant toutes choses en doute chez nous, m'a écrit une lettre, contre-signée du nom de sa femme, pour m'inviter à les rejoindre au plus vite, et me promettant une belle et bonne position à Oxford. Oui, je serais parti si mon journal n'avait pas eu besoin de moi. Quelle misère pourtant, à mon âge, avec cette passion pour la langue française, mon grand amour; avec ces habitudes casanières et de si longue date, et tant de beaux livres dont il aurait fallu me séparer, les quelques amis que j'aime tant, et une complète absence de toute espèce d'ambition, content que je suis pourvu que je puisse étudier et écrire tout à mon aise ! Un coup inattendu nous frappe dans notre plus chère et plus précieuse liberté, et voilà toute une existence brisée ! Il faut s'y soumettre ! il faut obéir ! Il faut dire avec ce grand philosophe Sénèque : *Fœminis lugere honestum est, viris meminisse.* A la femme il est décent de pleurer ; il est ordonné à l'homme de se souvenir !

Ainsi nous attendrons les événements la plume à la main, plume à demi brisée, humiliée, insultée par un despote ! On me dit pour me consoler que je vais prendre la position de Geoffroy, mon devancier, lorsqu'il était le seul qui fît semblant de parler dans la France écrasée sous l'épée de Bonaparte... On ne sait pas quelle douleur on me cause lorsqu'on me rappelle que j'ai pour aïeul ce Geoffroy, ce bandit, ce gredin sans talent, cette créature vénale et vendue, ce pédant qui finissait son méchant feuilleton par l'éloge commandé et soldé du Bonaparte ! Ainsi tant d'efforts que j'aurais faits depuis tantôt vingt-cinq ans, et toute cette attention sur moi-même et sur les autres, pour arriver à ce beau résultat... Recommencer M. Geoffroy qui parle au milieu de ces silences funestes où même *les chiens muets n'osent pas aboyer !* Il y a de ces consolations qui vous produisent l'effet d'un coup de bâton !

Pardonnez-moi mon irritation ; j'ai beau faire, elle déborde. Mais quoi! vous m'avez habitué depuis longtemps à vous parler à cœur ouvert : il n'est rien que je vous cache dans ce cœur qui est à vous.

Permettez-moi, au nom de ma femme, de présenter à vous et à Mme de Lacretelle, avec nos vœux bien sincères pour l'année qui va s'ouvrir, l'hommage de notre profond respect et de notre tendre attachement.

A M. Ch. de Lacretelle, à Mâcon.

Paris, 29 mars 1852.

Cher maître,

On dirait qu'en effet vous avez lu au fond de mon âme toute mes tristesses. J'ai beau faire et me consoler de mon mieux, comparant nos misères présentes à nos misères passées, il me semble que je manque d'air et d'espace. On étouffe au milieu de ce *bon plaisir ;* la censure nous a marqués à l'N, et marqués au fer chaud. Ainsi je vais à travers ces épines, sur ces cendres brûlantes, et quand je ris, c'est tout à fait pour ne pas pleurer.

Nous avons été des enfants gâtés, nous autres, venus au monde après les grandes catastrophes; l'empire est tombé que nous étions des enfants, et nous avons recueilli tous les fruits pacifiques des trois règnes heureux. Mais vous savez cette histoire, vous l'avez faite, vous en avez porté tout le fardeau et toute la gloire, et vous restez, témoin austère et bienveillant, dans votre vieillesse énergique, pour nous apprendre par votre exemple à ne pas désespérer de la Providence, à croire en ses décrets, à rester libres au milieu de l'entrave, calmes et sereins au plus fort de l'orage. C'est pourquoi une lettre empreinte de votre calme génie est toujours pour moi une fête, un repos, une espérance. Il me semble que je reviens aux heureuses journées, que je suis, comme autrefois, un écrivain libre et honoré justement parce qu'il respecte et qu'il aime la liberté de son art.

Ainsi, soyez loué et béni cette fois encore. Il y a du soleil et du printemps dans votre lettre, et si vous saviez que je l'ai reçue à la même heure et le même jour qu'une lettre de M. Victor Hugo, empreinte à la fois de toutes les colères et de l'abattement de l'exil... Ah! quel contraste! Ici le philosophe et le sage, et là-bas le poëte et le tribun! Dans sa maison de Mâcon, où il s'entoure des plus douces et des plus heureuses images, mêlées au charme des souvenirs, l'illustre et vénérable historien nourri aux plus grandes leçons de l'histoire, et les mettant à profit pour lui-même; et sur la terre étrangère, à quelque fenêtre ogivale qui donne sur la place même où fut décapité le comte de Horn, où mourut d'Egmont, où le duc d'Albe arrivait porteur des sévérités de son maître, l'auteur des *Orientales* et des *Feuilles d'Automne* chassant de son souvenir les enchantements et les poëmes de sa jeunesse entourée d'admiration et de sympathie!

Dans la lettre dont je vous parle, il m'annonce qu'il vient de mettre la dernière main à un livre intitulé *le Deux Décembre*. Il y aura bien des larmes, bien des cris et des déchirements dans ce livre, qui sera imprimé à Londres! Pendant ce temps, adieu la poésie et le drame; adieu le livre écrit avec amour : il est remplacé par le pamphlet écrit avec rage! O misère des époques troublées, où personne n'est plus à sa place, où pas un ne fait ce qu'il doit faire! M. Hugo est expulsé de France à l'heure où M. Jubinal, en habit brodé, représente, avec M. Véron, la littérature française au palais des Tuileries! Jubinal roi, M. de Rémusat proscrit! M. Véron empereur, M. Thiers exilé! Un autre écrivain nommé Belmontet représentant le poëme, Victor Hugo expulsé! Bineau sénateur et M. de Lacretelle à Mâcon! Énorme sujet de risée et de douleur! Grâce à Dieu, je n'ai jamais eu aucune espèce d'ambition pour moi-même; en revanche, j'en ai beaucoup pour les gens que j'honore et que j'aime, et lorsque je les vois maltraités ou négligés par des bandits, toutes les indignations se soulèvent au fond de mon cœur!

J'assistais, il y a un mois, aux funérailles de M*me* Gay; nous étions peu de monde à ce convoi du pauvre, et peu tristes, lorsque tout à coup je vis, dans un coin, M. de Lamartine, et peu s'en fallut que je n'éclatasse en sanglots. Comme il était changé! — *Eheu! qualis erat!* Je ne l'avais pas revu depuis le jour où il s'écriait, montrant à son entourage le soleil du 1er mars 1848 (le ciel était dans toutes ses splendeurs):

« Je vous fais quelque chose de plus beau que le soleil! »

Ainsi il parlait. Et depuis ce jour de triomphe, son soleil était devenu une nuit profonde, son triomphe un abîme, et sa gloire une horrible et profonde déception!

A l'aspect de ce grand homme que j'ai tant

aimé, et d'une amitié si constante (jusqu'au jour où il se prit à me maltraiter moi-même, alors il fallut bien répondre, et je répondis), je me sentis saisi d'un si violent transport de joie et d'orgueil, qu'il me sembla que j'avais retrouvé mon roi légitime. Et comme je lui pris la main avec ardeur! Lui, cependant, il hésitait à me donner la main. Il me gardait rancune, lui, des malheurs dans lesquels il nous a jetés! A la fin cependant, la glace se fondit et il redevint l'homme bon, affectueux et très-simple que nous avons connu toujours. J'ai éprouvé, ce jour-là, un grand bonheur mêlé d'amertume.

Au prix de dix années de ma vie, — et ce serait beaucoup donner, m'en restant si peu, — j'aurais voulu que M. Victor Hugo et M. de Lamartine, nos chantres légitimes, eussent obéi à l'exemple que vous leur donniez vous-même; et, fidèles aux belles-lettres qui les ont faits tout ce qu'ils sont, qu'ils fussent restés, comme vous, les témoins affligés de ces grandes et inutiles émeutes, blâmant par le silence ces excès misérables et, de temps à autre, à votre exemple, arrivant au milieu du tumulte pour le calmer, pour le régler : voix écoutées, conseils sérieux, paroles honnêtes et loyales! On eût vu se presser autour de ces maîtres tant d'esprits égarés qui ne demandaient qu'à suivre un bon conseil, pourvu que ce conseil partît de très-haut! Telle était l'œuvre à accomplir, tel était l'ordre à garder! Vous avez été le seul qui ayez compris toute la dignité des lettres en ces moments difficiles, le seul qui l'ayez sauvegardée et maintenue à force de vous tenir éloigné de ces incendies où la violence était reine, où le parjure était le maître, où c'étaient les aveugles et les sourds qui imposaient leurs volontés définitives à cette France au désespoir!

Allons, résignons-nous! Dieu ne l'a pas voulu! Rendons-lui grâce cependant de nous avoir sauvés de ces déceptions, j'ai presque dit de ces remords.

J'espère que voilà une lettre assez longue; et que de peine elle va vous donner, si vous la voulez lire, en dépit de ma bonne intention d'être fort lisible! On peut bien dire de mes lettres ce qu'on dit de l'enfer : qu'elles sont pavées de bonnes intentions. Ainsi, pardonnez-moi en *faveur de l'intention!*

J'ai gardé pour la fin le meilleur de votre lettre, et certes je suis bien heureux et bien fier de votre constante et bienveillante invitation, et pour le coup, cette année, et toute affaire cessante, soyez sûr, mon cher maître, que je vous arrive au bon moment, aux vacances, la plume au chapeau, et que je m'abandonne enfin au plus charmant loisir qui soit au monde : vous voir tout à l'aise, et vous entendre tout le jour. C'est convenu ; comptez-y comme j'y compte.

Je ne sais pas si ma chère femme sera du voyage ; elle tient à une famille avide de la voir, et la bonne maman ne la lâche guère une fois qu'elle est à la campagne. Mais à coup sûr moi j'irai à Mâcon, et bien content, et bien heureux, et déjà j'implore l'indulgence de Mme de Lacretelle. Une fois lâché (prévenez-la), je suis terrible ! Un jeune homme de quarante-huit ans dans six mois ! Horace l'a dit : *Dulce est desipere in loco !*

Je présente ici à Mme de Lacretelle et à vous, cher maître, et ma femme se joint à moi, nos meilleurs, nos plus tendres et nos plus sincères respects !

A M. Ch. de Lacretelle, à Bel-Air.

30 décembre 1852.

Cher maître,

Il faut que je vous dise, et tout de suite, à quel point je suis charmé des belles pages que vous me faites l'honneur de m'envoyer. Je les ai lues avec tout le respect que j'attache aux choses qui me viennent de votre bonté, et j'ai été ému de cet accent jeune et de cette chaleur juvénile à parler de ces deux hommes si différents, celui-là de celui-ci, deux têtes de mort que vous faites touchantes, et que vous réunissez dans le même cadre, avec une habileté infinie. Il n'y a que vous pour rester jeune à ce point, avec une phrase abondante, honnête et claire à l'avenant? Soyez-en donc le bien félicité et le bien complimenté. Aujourd'hui même, en dépit du dimanche, je me suis mis à l'œuvre à votre intention, et j'ai écrit en votre honneur et gloire au moins deux belles colonnes que j'enverrai demain à M. Bertin. J'espère fort que ça passera tout de suite; mais j'ai voulu tout de suite vous avertir que la chose était faite, et que cette semaine la *gueule des juges en péterait*, comme on disait au Parlement de Dijon.

Je ne vous ai pas répondu l'autre jour, parce que je savais bien tout de suite la fausseté des nouvelles que l'on vous avait données. Du jour où il n'y aurait plus à la tête du *Journal des Débats* un Bertin, de ce jour-là il n'y aura plus de *Journal des Débats*. On disait aussi à Paris que le sieur Véron nous achetait à beaux deniers comptants... Il donnerait tout son argent à un de nous quatre ou cinq que nous sommes, on le lui jetterait à la face; et, chacun de son côté, le laissant seul au milieu de son journal, s'en irait planter ses choux... Heureusement que l'on ne voit pas l'inutilité de la vie de ces gens-là. Un poëte, un écrivain? fi, l'espèce! A la bonne heure un soldat, un tambour, un fifre, un sapeur, un sergent-major! *Barbarus, non segetes!*

J'ai vu cette semaine, et ça m'a été une fête, Mme Victor Hugo et M. de Rémusat. M. de Rémusat est toujours le beau parleur et le bel esprit éloquent qui manie avec art la plus belle langue parlée, et dont l'ironie est souveraine. Mme Victor Hugo m'a semblé un peu trop courageuse, un peu trop sereine : on voyait quelquelque bravade au fond de cette gaieté. Elle venait pour chercher son jeune fils...

Il y avait chez Mme Victor Hugo notre poëte Béranger, gros, grand, frais, fleuri et bien portant. Il voudrait bien n'avoir pas fait une douzaine de chansons qui n'ont pas mal contribué à la restauration impériale.

Et voilà, mon maître, tout ce qu'il y a de plus nouveau. Ajoutez que la censure et le chaste M. Romieu ne veulent pas de la pièce de notre ami Ponsard. La pièce a pour titre : *l'Honneur et l'argent*, et ce titre-là déplaît à ces messieurs De l'argent, vous en pourriez parler; mais de l'honneur, halte là! Dieu sait cependant que ça ne les regarde pas. Ce malheureux Ponsard est tout abattu, et vraiment, attaquer un si galant homme, *c'est grêler sur le persil.*

Vous voyez, cher agriculteur, que l'on parle au besoin la langue des propriétaires-fermiers, que vous avez apprise sans oublier la belle langue académique.

Je forme des vœux bien sincères, mon cher et honoré maître, pour votre santé, pour votre repos et pour la santé de l'Antigone qui est votre appui, votre espérance et votre force. Il m'est impossible de ne pas vous aimer l'un et l'autre, et de vous séparer dans les vœux que l'on forme pour l'un de vous. Ma chère femme se joint à moi, et nous vous envoyons nos obéissances, nos hommages et nos respects.

A M. F. Ponsard.

10 septembre 1853.

Mon cher ami,

JE viens de lire avec bien de l'admiration et bien des larmes votre élégie au tombeau de notre ami, et je ne crois pas que vous ayez jamais été mieux inspiré. La douleur est une muse; elle a ses inspirations, elle a sa toute-puissance, elle a son accent, son génie et sa grâce. Ainsi, les difficultés mêmes qui vous faisaient peur, le rhythme et la loi poétique, et tant d'exigences accumulées, justement parce que vous étiez tout rempli de votre sujet, ont été pour vous autant d'obstacles facilement franchis.

J'étais bien sûr que vous seriez touchant et éloquent! J'étais bien sûr que vous commanderiez au poëme, et qu'on rencontrerait en vous un des maîtres de l'art! Pauvre et digne Reynaud! vous lui faites une oraison funèbre à la fois digne de lui et digne de vous! Quand votre poëme est arrivé ce matin chez nous, il y avait, dans ce cabinet où je viens de placer votre portrait, ma femme, qui est votre amie, et le vieux Ricourt, en grand deuil. Nous avons lu doucement ces beaux vers, et nous avons pleuré tous les trois. C'était moi qui lisais, et vous pouvez vous vanter d'avoir réussi par votre charme propre, et non par les charmes de la lecture et par les séductions du lecteur.

Maintenant tout notre devoir est accompli dans ces funérailles, mais votre devoir à vous, ami Ponsard, c'est de ne pas vous abandonner vous-même, et d'appeler à votre aide la résignation, le courage et cet amour de la gloire que Charles

Reynaud le premier avait allumé dans votre âme. Il faut songer à lui en songeant à vous, et prouver par de nouveaux arguments que ce juge ingénu et charmant de vos mérites avait cent fois raison lorsqu'il vous acceptait, vous, vos œuvres présentes et vos œuvres à venir. Vous êtes un peu lui-même ; il disait de vous et vous dites de lui l'*animæ dimidium meæ*.

C'est pourquoi vous devez, et tout de suite, vous mettre au travail, afin de nous revenir armé de toutes pièces, calme, sinon résigné.

Voilà ce que je vous dis, moi qui vous parle au nom de tant de braves et chers esprits qui vous aiment et qui attendent de vous une grande consolation à la perte que nous avons faite. Ainsi, je vous prie, ayez bon courage, et montrez que vous êtes dignes de raconter les grandes douleurs en prouvant que vous savez les dompter.

Michel aussi était chez moi ce matin ; il m'a lu votre lettre, et je lui ai dit la mienne. Il est vrai que je me suis trouvé assez mal reçu à Vienne en Dauphiné, et que l'empressement aurait pu facilement être plus grand autour de ma grosse personne ; mais plusieurs Viennois à qui je n'ai pas caché mon chagrin en ont paru tellement touchés que je n'y pense absolument plus. J'aurais aussi à m'excuser de n'avoir pas porté mes respects et mes hommages à votre chère maman, mais votre oncle, à qui j'ai fait une bonne visite, ne m'y a pas encouragé le moins du monde. Il savait à peine si votre mère était à la ville ou à la campagne, et même j'ai cru comprendre que cette visite serait indiscrète, porteur comme je l'étais de si tristes nouvelles. Véritablement, j'ai été traité comme un vulgaire croque-mort : « Otons-nous, car il *sent!* » comme dit l'ours de la fable ; et quand je me suis vu loin de cette inhospitalière cité, je me suis senti allégé d'un grand poids. Voyez-vous, notre profession n'est pas en grand honneur parmi messieurs de la province ; ils n'y comprennent rien. Et puis ça les attriste et ça les gêne, une façon d'animal qui passe sa vie à vanner des participes et à scander mille paroles sonores.

Mme Reynaud elle-même, elle accusait les lettres, nos mères et nos nourrices, de son deuil éternel.

(*La fin de cette lettre n'a pu être retrouvée.*)

A M. Ad. Fabre, à Vienne.

Dimanche, 18 septembre 1853.

Mon cher confrère,

Une idée est bonne, surtout lorsqu'elle est facile à exécuter : vous avez l'intention de faire un livre avec les divers éléments de nos regrets et de nos louanges ; ce livre est fait, vous l'avez intitulé : *Les Obsèques de Charles Reynaud*, et même il est admirablement couronné par les vers de Ponsard. Ponsard n'a jamais été mieux inspiré et d'une façon plus touchante.

Eh bien ! nous réunirions dans un volume in-8° ces feuilles éparses, nous ferions un volume qui n'aurait plus de sens. Au contraire, en publiant dans un seul et même tome in-8° toutes les œuvres de notre ami, et en mettant une préface en tête du volume, il me semble qu'en effet nous élevons un monument durable.

Il ne faut pas qu'une louange soit trop longue : on finit bientôt par ne plus la lire ; il ne faut pas viser à l'apothéose, même pour les êtres que l'on aime le plus : l'apothéose a ce grand danger, elle fait peur aux indifférents. Un seul volume, et c'est assez. Deux feuilles d'introduction, et c'est beaucoup. Nous avons les vers de Ponsard, les vers d'Augier, votre récit; nous aurons un portrait bien gravé; nous aurons la prose et les vers de Charles et tout ce qu'il a écrit : voilà des chances de durée, et voilà aussi des dispositions qui plairont, n'en doutez pas, aux amis de Charles. Ils n'auront pas deux volumes à acheter, et pour *trois francs* ils auront payé leur dette à l'amitié ! Je connais ce monde-là ; je sais combien durent peu les deuils littéraires, et qu'il ne faut pas compter sur un grand penchant poétique dans *nos endroits*. Ainsi, arrangez, s'il vous plaît, vos plans sur ce plan-là : un volume, et rien qu'un volume. C'est l'avis d'Augier, ce sera l'avis de Ponsard.

Ce que nous autres nous pourrons faire, ce sera de nous commander un exemplaire sur papier vélin; dans tous les cas, j'en aurai un pour vous, qui l'avez si bien mérité !

Si véritablement la bonne volonté existe, dans votre cité, d'élever un monument à la mémoire de votre jeune homme, il faudrait porter votre zèle et votre argent sur le buste que vous voulez donner à la bibliothèque. Avec 1,200 francs, s'il ne s'agit que du plâtre, vous pouvez avoir une bonne chose, en la demandant à un bon artiste. Il vous faut 3,000 francs (plus les 1,200 francs du modèle) si vous voulez un buste en marbre. Et puis, à quel statuaire avez-vous confié ce travail? Est-ce que vous en possédez un qui puisse ainsi se souvenir de notre poëte? Il me semble que la chose ne peut s'accomplir qu'à Paris, par un homme habile, sous la direction de Messonier. Et, croyez-moi, hâtez-vous; les premières minutes sont fécondes en projets magnifiques : d'abord on élève un temple, l'instant d'après on se contente d'une chapelle, on propose un tombeau le lendemain, plus tard c'est à peine si l'on se souvient de poser à cette place oubliée une croix de bois ! Pensez donc que, ici, et Balzac et Frédéric Soulié n'ont pas encore une pierre pour abriter leur cercueil!

J'ai reçu une bonne lettre de mon ami Harmet; entre autres détails, il me dit qu'il doit dîner chez vous, il espère dîner avec Ponsard, et il me prie en grâce de le présenter moi-même à Ponsard, qu'il veut emmener dans sa belle et bonne maison du Péage de Roussillon. Ponsard me fera véritablement un grand plaisir de bien accueillir les amitiés de mon ami Harmet. Je le lui présente en effet comme un brave et digne homme, très-intelligent et très-bon. Sa jeune famille est charmante et je me rappellerai toute ma vie le moment où j'entrai dans cette maison qui respirait la jeunesse et le bonheur.

Je suis, Monsieur, tout à vous et de tout mon cœur.

A M. Ch. de Lacretelle, à Mâcon.

29 novembre 1853.

Cher maître,

Il faut que vous me rendiez le grand service d'annoncer à Mme de Lacretelle que je viens de donner à M. Fillion, son protégé, un très-beau rôle dans la pièce de M. Ponsard, *l'Honneur et l'Argent*.

La pièce avait été froidement accueillie au Théâtre-Français; le jeune poëte était au désespoir. J'ai pris la chose à cœur et j'ai si bien fait que, moyennant 3,000 francs d'une belle et bonne prime, qui ont été comptés dans mon cabinet, la pièce a été reçue à l'Odéon. Moi-même j'en ai distribué les rôles, et j'ai donné à M. Fillion une belle occasion de montrer ce qu'il sait faire. Ainsi Mme de Lacretelle sera obéie, et complétement. Ponsard lui-même a été fort heureux de vous être agréable à l'un et à l'autre ; il se souvient à merveille de votre bon accueil, car c'est une âme reconnaissante et c'est un noble cœur. Dieu veuille maintenant que sa nouvelle comédie ait le succès qu'elle mérite, et sur lequel je compte à coup sûr. C'est une belle chose, à l'ancienne marque, écrite sur le patron des vieux chefs-d'œuvre ; une comédie en présence de *Lucrèce*, et cette comédie tient à Molière autant que *Lucrèce* tenait à Corneille. Il a cette grande aptitude, le Ponsard, d'être un imitateur habile, ingénieux, sévère, des plus beaux modèles de la poésie ; il les suit fidèlement et d'un pas sûr, et il arrive ainsi à des résultats véritablement académiques. Bel esprit et bon esprit tout à la fois, digne des honneurs littéraires, pour lesquels il est fait et qui sont faits pour lui. Ça le sauverait, s'il arrivait à ces nobles récompenses, qui l'aideraient à vivre : car, s'il lui faut absolument se suffire à lui-même avec les faibles rapports de cette poésie incertaine et de cet art dramatique, le plus capricieux, le plus charmant et le plus dangereux de tous les arts, j'ai peur que l'infortuné ne soit ni assez courageux ni assez fort pour mener longtemps sa barque à travers ces difficultés, ces périls et ces écueils. Voilà ma crainte, et avec votre bienveillance accoutumée il me semble que vous en jugerez ainsi que je fais moi-même, et qu'au besoin vous étendrez votre égide sur ce très-galant homme, qui est si digne de vos bontés.

Je n'ai guère de nouvelles à vous donner de notre monde littéraire : il est mort. L'esclavage l'a tué! la chaîne l'a brisé! le fusil lui fait peur! Il est piqué par ces frelons qu'on appelle des abeilles. Abeilles de l'Attique, où êtes-vous ? J'ai vu hier M. Viennet; il revenait de sa maison des champs, et il m'a récité, avec cette ardeur juvénile qui est à lui, une très-belle épître *aux Gaumistes* et autres Érostrates de ce temps-ci. Cette épître, autant que je puis m'y connaître, est une belle chose, éloquente, hardie et pleine de passion! Le voltairien s'y montre avec une grande énergie, et, tout brave que je suis, j'ai eu peur lorsque M. Viennet m'a annoncé qu'il avait l'intention de publier ce manifeste *pro domo sua*. Bientôt vous en aurez de bonnes nouvelles, car il doit lire une épreuve, en comité secret, mardi prochain, c'est-à-dire dans huit jours.

Vous avez appris, sans doute, que le *Constitutionnel* a changé de maître ; M. Véron la vendu, *hic et nunc*, avec toutes ses dépendances, y compris M. Sainte-Beuve. On disait hier que M. Sainte-Beuve avait refusé d'aller plus loin, et, véritablement, si cette résolution est fâcheuse pour le journal impérial, elle est sage pour M. Sainte-Beuve. On ne peut pas, quand on s'appelle M. Sainte-Beuve et quand on est un homme libre, se soumettre à la censure d'un M. de Césena. Un valet de l'Élysée préposé à la censure du *Constitutionnel!*... Véritablement, ce serait un très-grand malheur pour M. Sainte-Beuve s'il jetait ses perles brillantes à ces vils pourceaux !

Dans les journaux impérialistes on a vu une pièce de vers à la louange de Napoléon III, signée par M. Baour-Lormian. Il préfère Napoléon à Louis XIV, comme le grand Napoléon préférait Ossian au vieil Homère. O les gens de goût, Napoléon Ier et Baour-Lormian !

Je vous ennuie et je vous fatigue à vous raconter toutes ces tristesses ; mais j'ai beau faire et vouloir cacher nos servitudes, il en sort toujours quelque petit bout par un certain côté, et à qui parler à cœur ouvert, sinon aux gens que l'on aime et que l'on respect de tout son cœur.

Je suis, avec le plus profond respect et le plus entier dévouement, Monsieur et Madame, votre obéissant et dévoué serviteur.

A M. le capitaine Rittier, à Béthune.

Dimanche, 8 janvier 1854.

Mon cher ami,

Ton malheureux cousin vient de subir pendant six belles semaines la question ordinaire et la question extraordinaire, et vraiment je ne sais pas de quel droit on ose dire encore que le roi Louis XVI a aboli la question. Il eût bien fait d'abolir la goutte, le pauvre roi-martyr! Il y eût gagné ceci qu'il eût été le seul martyr de son royaume.

Ce qui m'a fait grand plaisir, c'est ta lettre, c'est ton bon souvenir, et de savoir que vous étiez chaudement et royalement campés, en attendant la guerre et les batailles à venir. Quel branle-bas! et si tu n'es pas content de celui-là, tu seras bien difficile! Il y en a pour dix bonnes années, et voilà de grandes chances au bâton de maréchal de France! « Quand je ne fais pas la guerre, disait M. de Vendôme, il me semble que je ne vaux guère mieux qu'un palefrenier. » Capitaine, levez la tête, et nous, pékins, courbons jusqu'à terre nos fronts humiliés. Notre temps est passé, le vôtre commence. Hier nous étions les maîtres, vous êtes les maîtres aujourd'hui : à chacun son tour. Seulement, soyez modérés autant que nous dans la victoire, et songez aux vicissitudes de la fortune !

Il peut se faire que tu ne saches pas que j'ai conduit en Dauphiné, cette année, un jeune homme de Vienne. Ce jeune homme était mort dans mes bras; je l'ai rapporté à sa mère, et j'ai revu notre pays par accident. Ah! misère! et que j'ai trouvé mon village, ton village, abandonné! que notre petite maison était humble et humiliée; Hélas! j'ai vainement cherché les traces et le souvenir de mon père et de ma mère... Il n'en reste plus rien! Je suis revenu de ce pèlerinage plein de tristesse, et de modestie aussi. Ce que c'est que de nous! combien peu nous sommes! Que la vie est courte, et que l'oubli est profond, une fois que nous sommes oubliés !

Ce petit voyage a eu cela d'utile et de bon qu'il m'a guéri de l'envie où j'étais de revenir dans mon pays, d'acheter un jardin et de m'y enterrer. Je n'y serais pas enterré vingt-quatre heures qu'au bout de vingt-quatre heures on me trouverait tout à fait mort! Aussi je suis revenu en toute hâte à mes vieux livres et à ma chère femme, mes deux amours.

Elle te fait mille amitiés, ma chère femme, ainsi qu'à sa cousine et à Marguerite, qu'elle embrasse de tout son cœur.

A. M. Ad. Fabre, à Vienne.

1er février 1854.

Cher Monsieur,

Je réponds tout de suite à vos deux bonnes et belles lettres, et tout d'abord soyez le bien remercié de vos corrections, de vos notes, de vos représentations. Vous avez raison, et cent fois raison; mais comme vous êtes bon de me relever du péché de paresse, et quelle tâche vous auriez là si vous vouliez le faire *en gros* sur toutes les pages que j'ai écrites! C'est ma mauvaise nature qui le veut ainsi. Les choses que je sais le mieux, je les maltraite, et je me trompe au même moment où je suis le plus sûr de mon fait. Que de colères, que d'étonnements et que d'injures m'ont valu mes balourdises! Je ne m'en suis pas encore relevé, et toute ma patience, et toutes mes études, et cette prodigieuse lecture à laquelle je me livre et je me suis livré, n'ont jamais pu me mettre à l'abri de ces *errata*. Ne voilà-t-il pas, en effet, un beau censeur, qui ne sait pas se censurer lui-même ! Et à quoi, dès lors, me sert cette critique où je n'apprends rien ?

Ce *premier point* épuisé, je serai bref sur le *second point*, qui est le sujet *ardent* de votre première lettre, et je serai franc avec vous. La perte de votre bibliothèque est certainement une grande perte ; mais l'*assurance* était belle, et si vous n'aviez que les livres que donne le ministère à ses élus, vous les aurez bientôt remplacés. Est-ce que vous pleurez beaucoup, mais là, ce qui s'appelle beaucoup, le portrait de l'homme à la strophe unique[1] ? Enfin, la main sur la conscience, aviez-vous dans votre bibliothèque publique beaucoup de lecteurs ? Ponsard dit que non. Il prétend qu'il n'y a jamais mis les pieds et que vous vous désolez trop. Les vingt mille francs de l'assurance feraient bien mieux son affaire que tous les livres incendiés, y compris l'*ouvrage sur l'Égypte*, une des plus ineptes inutilités qui aient pesé depuis trente ans sur les fonds littéraires du ministre de l'intérieur.

---

1. J. Janin confond Lefranc de Pompignan, archevêque de Vienne, avec un frère du marquis Lefranc de Pompignan, auteur de la *Strophe unique*. (*Note de M. Fabre.*)

Voilà ma réponse. Elle n'est pas consolante, et surtout elle vous étonnerait si vous saviez à quel point j'aime et j'honore les livres, de quels soins pieux je les entoure, et de quelles violentes folies je suis capable quand ma passion est en jeu. Mais quoi! je n'aime que les beaux et très-beaux livres; les éditions vulgaires ou les livres inutiles ne me touchent pas le moins du monde. Or un livre inutile est celui qui n'est ouvert par personne et que l'on ne montre à personne.

Ah! si j'avais vu la bibliothèque de Vienne, si l'on m'avait fait l'honneur de me la montrer, si j'avais été traité comme un ami des livres qui a quelques droits à la bienveillance des bibliothécaires et des bibliophiles, je pourrais certainement parler de ce que j'aurais vu de mes yeux, touché de mes mains. Mais voilà, c'est brûlé, et maintenant il faudrait que je rencontrasse ce que j'ai vu, comme Hamlet, *avec les yeux de mon esprit.* Mon pauvre esprit n'a pas de si grands yeux!

Ainsi, mon cher maître, il ne faut pas m'en vouloir si je refuse d'intervenir, d'autant plus que je suis sans crédit à cette heure, et que je serais malheureux d'en avoir. Je suis un vaincu, je suis un déclassé, je suis un déporté.

Laissez-moi revenir, et je vous donnerai pour votre bibliothèque un bon livre en souvenir de ce beau marbre que je n'ai pas vu et que je pleure. Or voilà le chef-d'œuvre qu'il fallait sauver!

Tout à l'heure on va jouer *l'Honneur et l'Argent*. Nous y serons, et j'ai la ferme assurance que cette reprise aura le succès de la première représentation. Toutefois Ponsard a peur, et moi j'ai les nerfs très-agacés; puis je désire avec une ardeur incroyable un nouveau succès pour ce brave et digne garçon.

Ceci dit, je vous serre la main de tout mon cœur.

A MM. Jouvin et de Villemessant.

12 avril 1854.

Messieurs,

J'IGNORAIS tout à fait que vous eussiez ressuscité un pauvre vieux journal d'il y a vingt ans, et vous avez eu le plus grand tort de me l'adresser... J'aurais traité votre nouveau journal comme je traitais votre ancien journal: je ne l'aurais pas lu, et je n'y répondrais pas.

Dans votre premier numéro, que je reçois aujourd'hui 12 avril (vous m'avez fait l'honneur de m'envoyer le *second* numéro il y a quelques jours), vous dites, et je cite mot à mot:

« C'est au coup de feu de ses improvisations quotidiennes que Jules Janin rencontrait la forme de sa phrase. Cette forme, qui n'est plus qu'un procédé aujourd'hui, obtint un succès de vogue dans sa nouveauté et devait faire école. Une autre preuve d'originalité qu'a donnée le jeune écrivain, ce fut de chevaucher sans accident, ferme sur ses étriers, le pied droit à la *Quotidienne*, le pied gauche au *Figaro,* rudoyant vertement le poëte du *Fils de l'Homme* dans le premier des deux journaux, et serrant la main, en bon garçon, à M. Barthélemy, qui ne quittait pas les bureaux de la cité Bergère. »

Malgré toute ma bonne volonté, Messieurs, pour les droits de la presse, et le chagrin que me cause une réclamation pareille en ce moment, il m'est impossible de laisser passer, sans lui donner un démenti formel, ce petit article-là. Il est petit et bien innocent en apparence, mais il est tout venin. Non, Messieurs, et vous le savez aussi bien que moi, je n'étais pas homme à écrire à la fois dans la *Quotidienne* et dans le *Figaro*. Une fois que j'eus renoncé à ces premières folies de la plume en belle humeur, je n'y revins jamais. Je fus à la *Quotidienne* un bon et fidèle écrivain, et si je quittai ce bienveillant asile, tout rempli des bonnes et saines traditions de M. Michaud et de

M. Laurentie, honnête et digne journal qui suffisait à ma modeste ambition, c'est que la *Quotidienne*, au moment où j'y entrai, était un journal d'opposition. J'en sortis à l'heure même où M. de Polignac s'emparait de l'administration des affaires, à l'heure où la *Quotidienne* arrivait au comble de ses vœux.

Voilà donc ce que vous savez aussi bien que moi! Il est vrai que dans la *Quotidienne* je me suis permis de trouver et de dire à ma façon que peut-être *le Fils de l'Homme* n'était pas un poëme excellent, et probablement je serais encore du même avis si je voulais (à Dieu ne plaise) me donner la fête de relire *le Fils de l'Homme*. Ajoutez ceci, que non-seulement je n'ai jamais été en rapports d'amitié avec l'auteur du *Fils de l'Homme*, mais encore que *je ne l'ai jamais vu*.

Maintenant, Messieurs, consultez vos notes, cherchez, commentez, expliquez, arrangez-vous avec ce que je vous dis là. Arrangez-vous cependant à imprimer ma lettre en bon texte... Il me serait pénible de demander justice à des juges qui vous connaissent et que vous connaissez.

Agréez, Messieurs, l'expression de mes sentiments.

A Mademoiselle Rachel.

21 juillet 1854.

Je vous écris très-lisiblement, mon cher enfant, que je vous aime de tout mon cœur, et que je suis bien heureux et très-fier de ce que vous êtes venue à moi dans la douleur qui vous a frappée.

Je vous écris aussi de ma plus belle main qu'il faut absolument, à cette heure, surmonter le deuil que vous portez, vous montrer forte, sinon héroïque, et songer, même en l'honneur de notre aimable Rébecca, aux devoirs qui vous restent à accomplir.

Ces devoirs sont de deux sortes... Vous avez votre jeune famille, dont vous êtes l'*unique* espérance (et vous savez que je dis vrai); vous avez votre père et votre mère, et tous vos frères, dont vous êtes la joie, et l'orgueil, et l'espérance. Où donc voulez-vous que votre bon père et votre excellente mère trouvent du courage, sinon dans l'âme et dans le cœur de leur *petite Rachel?*

Pour accomplir ce double devoir, qui n'est en fin de compte qu'un seul et même devoir, il faut vivre; il faut se défendre contre l'ennui; il faut songer à donner l'exemple ; en un mot (entendez-moi bien), vous n'avez *pas le droit* de succomber au milieu de votre carrière, au plus beau moment de votre renommée, à l'heure où ce grand art que vous avez ressuscité attend de vous une nouvelle résurrection.

Certes, vous avez beaucoup fait déjà ; mais que de choses vous restent à accomplir !. Voyez combien facilement le public parisien oublie, en si peu d'instants, le respect qu'il doit aux chefs-d'œuvre, et voyez qu'il ne demande qu'un prétexte pour revenir en toute hâte aux petites comédies, au petit art dramatique, au drame hurlé, aux vaudevilles non chantés. C'est vous seule, entendez-vous ? qui êtes la vie et l'âme de ce grand corps expirant sous le malaise et sous l'inhabileté du citoyen Achille Fould. Si vous abandonnez ce cadavre à lui-même, c'en est fait pour vingt ans de l'art sérieux ; nous n'avons plus rien à attendre de la poésie, et les vrais poëtes, que vous allez priver de leur appui naturel, maudiront votre nom et votre gloire, qui étaient leur dernière espérance. Ainsi, plus vous êtes à l'abri des coups de la fortune vulgaire, et plus c'est un devoir pour vous de ne pas quitter la partie et la bataille avant l'heure. Eh! dans le cabinet même où je vous écris, il n'y a pas déjà si longtemps que je vis entrer l'enfant qui venait de jouer Camille en présence de vingt spectateurs.

Je n'insiste pas aujourd'hui ; j'attendrai, s'il vous plaît, pour reprendre mon discours, que vous soyez plus forte et mieux portante. Ayez donc soin de vous, mon enfant, et laissez enfin le rayon clair entrer dans votre âme ! Au reste, avant qu'il soit douze ou quinze jours, je vais moi-même à Bruxelles, et Dieu sait la fête que j'aurai à vous revoir ! De Bruxelles, ma femme et moi nous allons à Spa. Spa, vous le savez, est un beau lieu de rafraîchissement et de repos. Si votre excellent guide en maladie trouvait convenable de vous envoyer à Spa (ces eaux-là ont leur danger : elles ont bien mal tourné sur notre pauvre Reynaud l'an passé !) uniquement pour bien dormir, pour vous promener et prendre l'air, à la façon d'une bête qui baille au soleil, que de bonnes causeries nous ferions ensemble ! Il me semble que ça serait trop charmant.

Je suis bien sûr que cet abominable Michel est allé vous rejoindre. Il est bien heureux d'être, à ce point le maître de ses actions ! Je lui envoie ici mes meilleures amitiés, et vous, ma belle et ma poétique Rachel, je vous embrasse, bien paternellement, sur le front, et de tout mon cœur.

A M. P. Ménière, à Paris.

15 août 1854.

Mon cher ami,

Je veux cependant mettre à profit une pluie, un orage, une tempête, afin de vous dire bonjour à travers les foudres et les éclairs, comme si j'étais Moïse et que vous fussiez le peuple hébreu. Je viens de passer huit jours charmants, en pleine rêverie, en plein repos, à marcher, à errer, à me baigner, à jouer aux dominos, à dormir, à corriger des épreuves, à saluer le plus doux paysage de ce bas monde, car rien n'est plus charmant (par un beau soleil) que nos eaux claires et le velours d'émeraude de ces vieux chênes des Ardennes. Ajoutez une foule élégante et toutes sortes de belles dames des deux mondes qui se promènent sur le soir dans le plus grand appareil.

Il y a, entre autres étrangers, ce brave Hetzel avec sa femme et un enfant, et ce m'a été une grande fête de le revoir dans son exil. Hélas! le pauvre ami, ils l'on déjà renvoyé de Belgique avec une bonne quantité de braves gens, et voici que l'on parle aujourd'hui d'une nouvelle fournée à propos de je ne sais quelle machine infernale que l'on vient de découvrir au pays de Liége, où régnait jadis le Sanglier des Ardennes, un homme qui ne manquait pas de défenses et qui vous donnait, certes, de fameux coups de boutoir! B... aussi est arrivé; mais dans ces coupe-gorge qu'on appelle Hombourg, Bade et Spa, il vous a pris une telle allure de joueur dupé et râpé que c'est véritablement à ne pas le reconnaître. Il a tout à fait l'allure de l'acteur des premières scènes de *Trente ans, ou la Vie d'un Joueur*... C'est à peine s'il m'a reconnu et s'il m'a salué en passant.

Je m'en console en corrigeant les tomes Ier et II de l'*Histoire de la Littérature dramatique*. Ainsi, la voilà arrivée à la deuxième édition, que les tomes III et IV n'ont pas paru, ce qui me fait, Dieu le sait! un grand plaisir. Je suis donc en pleines épreuves, aussi bien que ce brave et digne Meyerbeer, qui, tout courbé par le rhumatisme et tout plein de l'eau de Pouhon, dont il boit quatre ou cinq litres par jour, corrige avec un soin extrême les épreuves de la grande partition de *l'Étoile du Nord*. C'est une belle et franche nature... un bon exemple à suivre et à voir. Aussi, piqué d'honneur, j'ai fait pour Hetzel un petit conte. Il publie avec un énorme succès une collection de petits livres, et je lui en fais un avec une dédicace[1], afin qu'il se souvienne de moi.

.. Nous avons l'opéra-comique et l'opéra, y compris le vaudeville et le ballet, en deux personnes, malgré le proverbe où il est dit que Jupiter aime le nombre trois. En revanche, on attend la Pepa Vargas et sa bande, qui joue au bruit des castagnettes.

Gros jeu le soir, avec des péripéties infinies ; puis, quand le jeu a cessé et que les joueurs sont *à la côte*, il en arrive quelques-uns pour le domino, et je vous jure qu'ils ne sont pas faciles à gagner. Où êtes-vous, ma pauvre Césarine, et que je regrette la table ronde et la lampe hospitalière, avec M. Hélie en vis-à-vis ! Le monde se fait vieux. J'ai vu le temps où je gagnais deux coups sur trois... De cette veine il faut diablement déchanter, et, ce qui m'afflige, c'est que ça ne m'afflige pas le moins du monde. On devient insensible à tout, avec l'âge, même aux signes des dames avec ou sans domino.

Il y a aussi (voyez quel grand chroniqueur !) une petite dame appelée Mme P..., très-jolie et très-élégante, qui joue à tourner un peu la roulette et aussi toutes les têtes. Elle est bien posée;

---

1. *La Comtesse d'Egmont.*

au tapis vert, avec les deux coudes sur la table...
et cubito remanete presso, disait le maître [1]. Et
puis (chose honteuse à dire) il n'y a pas une seule
catin... On les chasse, on les poursuit, on les traque
à la façon des bêtes fauves, si bien que les pau-
vrettes redoutent le séjour de Spa comme le diable
a peur de l'eau du bénitier : de tout quoi je me
fiche encore, et je me console en causant avec de
belles et honnêtes femmes, qui ne manquent ni
de grâce ni d'esprit...

Ce que c'est que de nous ! *De profundis.*

Tout le monde ici vous dit mille amitiés, tous,

> Le sage aussi bien que les fous.

Je vous serre la main de tout cœur.

A M. Alexandre Piedagnel, à Cherbourg [2].

Paris, 8 février 1855.

JE suis toujours bien content, Monsieur,
lorsqu'une honnête main m'est tendue,
et j'accepte la vôtre de grand cœur.

Cette profession des lettres est rude, et difficile

---

1. Hor., *Od.*, I, xxvii, 8.
2. M. Piedagnel, littérateur distingué, devint depuis l'ami de
J. Janin, et fut son secrétaire concurremment avec M. Chesnel.

à la longue. A vingt ans on la trouve charmante; mais trente ans plus tard, quand on compte avec soi-même et quand on voit les piéges, les abîmes, les calomnies, les dangers, le travail accompli, — et comme on est peu avancé dans ce sentier d'épines, — on est bien triste et bien accablé.

Heureusement que de temps à autre vous arrive une bonne fortune semblable à l'aimable lettre que je reçois de vous. Alors on se sent tout consolé.

Quand vous viendrez à Paris, ne cherchez pas midi à quatorze heures pour me venir visiter : je suis chez moi tout le jour et tous les jours.

Votre obéissant et dévoué serviteur.

A M. le président Mesnard.

8 février 1855.

Monsieur le président,

Que vous êtes heureux d'être malade et d'écrire! On dirait que ces deux vers ont été faits pour vous :

Alteram sortem bene præparatum
Pectus[1].....

Quant à moi, je suis malade et je ne sais plus

---

1. Hor., *Od.*, II, x, 14.

écrire. Tout me fuit, et j'attends dans une inerte oisiveté un peu de santé, un peu de soleil. Le rude hiver! le triste ciel! Mes livres mêmes ont quelque chose de sombre et d'ennuyé.

Vous, cependant, vous vous jetez à corps perdu dans les ondes salutaires; vous appelez le chef-d'œuvre à votre aide, et vous voilà debout, tenant à la main votre poëme. Ainsi fait Camoëns lorsqu'il échappe à la mer en courroux.

Certes je suis bien de votre avis que l'*Enfer* de Dante avait besoin de cette relâche, et que le dernier *cercle* appelait nécessairement un lieu de rafraîchissement et de repos. Ces images charmantes, ces frais horizons, ces paysages lumineux, ces voix pleines d'harmonie et ces visages de contentement, le *hosanna universel* après le blasphème éternel... voilà la fête de Dante et voilà son repos! Disons mieux, voilà son excuse! Et pourtant j'ai hâte de savoir si vous avez été aussi heureux dans cet horizon calme et tempéré que dans les lacs sulfureux, à travers les gémissements et les blasphèmes. Vous êtes une rude et austère nature, et la voie de fer (*ferrea vox*) vous convient mieux que la flûte thébaine. On n'est pas impunément un magistrat redoutable et redouté, et, quand on se trouve au milieu des cantiques, il faut une grande force d'âme pour oublier l'accent du réquisitoire et des malédictions. Certes je me fais une grande fête de lire ce nouveau travail (s'il vous plaît de me le confier), et comme nous en causerons aussitôt que la voix ne s'arrêtera plus à ma gorge fatiguée... *vox faucibus!*

Ceci dit, il faut attendre avant de rien publier. L'heure est mauvaise pour les livres; l'imagination est morte, la pensée est au pilori; la France n'a plus de lecteurs : il n'y a plus dans le pays de Voltaire et de Bossuet que des curieux qui se tiennent à l'abri de leur vitre bien close, et qui s'amusent à deviner ce qu'enferme la valise du messager d'Orient. Pas d'autre curiosité! pas d'autre plaisir! La voix qui crie est une voix dans le désert; la plainte est une risée, et l'espérance une sottise!... Attendez, attendez que l'industrie et la guerre aient accompli quelques-unes de leurs promesses.

Voyez donc ce qui arrive. Certes vous avez fait un très-beau livre; vous avez compris, vous avez expliqué, vous avez commenté un chef-d'œuvre avec beaucoup d'éclat, d'énergie et de simplicité. Le livre écrit, vous l'avez publié royalement et d'une façon digne des plus riches bibliothèques. Voyez cependant le peu de zèle, et l'ingratitude, et le *far niente* de ces gens-là! A peine s'ils ont parlé de ce beau livre. Ils disent bien qu'ils en parleront, mais ils ne se hâtent guère. Le temps passe, et moi qui vous ai conseillé la patience, je commence à m'impatienter.

Hélas! ceci est un peu la faute des passions politiques. Cette nation est divisée en vaincus, en vainqueurs : ici les Saxons, plus haut les Normands! Voici les Gibelins, voici les Guelfes! La plus rude et la plus difficile de toutes les justices, la justice littéraire, où est-elle?... Elle est partie on ne sait où.

A M. le baron d'Azémar.

17 mai 1855.

Mais, mon cher ami, comment donc peux-tu nous remercier d'une chose qui nous a fait tant de plaisir? Je suis ton plus vieux camarade, et vraiment, si tu laissais un enfant seul au monde (à Dieu ne plaise!), il faudrait bien que je l'adoptasse, à plus forte raison quand il ne s'agit que de lui ouvrir les portes de mon humble maison. Entre nous, va-t'en et reviens, tu seras le bienvenu!

Avec ça que le jeune homme est charmant, et

que je voudrais bien en avoir un comme celui-là, ni plus ni moins. Il est modeste, il est bien élevé; il est assez câlin; il n'a rien du fier-à-bras, du tranche-montagne et des héros de caserne; il est joli homme, autant qu'il faut l'être quand on ne veut pas pincer de la guitare aux pieds des belles; enfin il a plu ici à tout le monde, à ma femme d'abord, et ensuite à mes deux vieilles bonnes, qui lui voulaient absolument prêter un parapluie! Il nous a bien promis de revenir, et nous l'attendons les bras ouverts. Malheureusement ma chère femme s'en va; elle me quitte, et la voilà partie au moins pour six semaines! Ainsi, cette fois encore, tu ne la verras pas; et même, si tu veux me trouver à coup sûr, écris-moi la veille de ton arrivée à Paris. Je t'attendrai, nous dînerons ensemble, et nous ferons nos farces en l'absence de nos *épouses*, qui savent que nous ne sommes guère fringants, et qui ne nous font pas l'honneur de s'inquiéter des faits et gestes de messieurs leurs maris.

C'est égal, on se retrouve avec joie, et l'on se raconte les bonheurs de la jeunesse envolée! Ainsi, je compte bien que cette fois tu prendras la peine de m'annoncer ton arrivée. Il faut vraiment que ma chance ait été bien mauvaise le jour où tu es venu, car il ne m'arrive pas un jour sur trente de sortir de chez moi avant le dîner.

Prends garde à ton rhumatisme! Il t'annonce un embarras du côté du cœur, à moins que ce ne soit tout simplement un petit commencement de goutte; et, ma foi! tu ne serais pas trop à plaindre... Il n'y a pas de *mal* plus aimable et plus charmant que la goutte : elle vous laisse la libre et permanente disposition de votre esprit; elle vous débarrasse d'une infinité de petites misères, et tant qu'elle ne vous a pas tué elle vous sauve!

Moi qui te parle, j'ai manqué mourir il y a trois mois parce que la goutte avait oublié de me visiter. Notre ancien camarade Trousseau vint me voir et me dit à voix basse : « Il faut songer à faire ton testament. » Cette ordonnance me flatta on ne peut davantage. Qui? moi? un testament? Et pourquoi faire? Huit jours après, les mauvais symptômes de l'angine avaient disparu... J'étais sauvé sans testament!

Bonjour donc. Je suis effrayé des jurons que tu vas faire au moment où tu voudras déchiffrer cette écriture charmante; et que de pauvres diables à la salle de police, pour peu que l'on vienne déranger M. le colonel dans cette aimable occupation!

Ma femme t'embrasse, et moi aussi.

A M. Émile de Girardin.

Mercredi 28 mai 1855.

Mon cher ami,

Vous savez tout le prix que j'attache à l'opinion de la *Presse*. Il y a tantôt six semaines que j'espère et que j'attends un article de M. Paulin Limayrac sur un livre dont les deux premiers tomes ont été publiés il y a trois ans! Depuis trois ans, je n'ai rien demandé, même à vous, qui ne m'avez jamais rien refusé; mais aujourd'hui, exposé que je suis à un évident mauvais vouloir, et cruellement retardé de jour en jour, je vous prie de confier mon *Histoire de la Littérature dramatique* à notre bon et chaleureux confrère Charles Edmond. Il a lu mon livre, il en est content, il est disposé à en parler tout de suite; il sait que ceci est l'œuvre d'un galant homme qui ne manque ni de sincérité ni de courage, et ce qu'il fera sera bien fait.

Rendez-moi donc ce grand service. Il est évident que M. Paulin Limayrac ne me trouve pas digne de ses foudres; il a tout à fait oublié que, sans qu'il m'en eût même prié, j'ai été excellent pour lui il y a six mois.

A M. N. Martin, à Calais.

27 novembre 1855.

Oui, Monsieur, j'ai lu votre poëme, et je l'ai lu avec pleine joie hier, tout le soir, au coin de mon feu. Grâce à vous, je n'avais que seize ans, et il me semblait tenir un poëme de l'abbé Delille. On l'a tué, de nos jours, sous les *Méditations,* sous les *Orientales,* et le voilà qui se dégage enfin de l'obstacle et qui reparaît, malgré les rochers des deux Titans.

Votre curé de village est un bon homme ; il ne rêve pas, il agit ; il tient le marteau mieux que la plume ; il cloue, il n'écrit pas. Sa *Laurence* est un peu revêche, mais enfin c'est sa mère, et je m'assure (vous ne le dites pas) que la bonne dame n'aura pas trop grondé durant ces dernières vendanges. Votre cheminée est bien montée ; elle était difficile à peindre. Quant à la maison bâtie et à bâtir, avec le voisin Larose et malgré le *Traité des Servitudes,* si vous saviez que moi-même, en ce moment, je rêve une construction sur 352 mètres que je possède à Passy, vous sauriez en même temps ma joie en retrouvant mes ouvriers dans les vôtres :

Charmant enivrement de la propriété...

Bref, je vous trouve un homme heureux de si bien penser et de si bien dire : *Sapere et fari quæ sentiat...* les deux vœux que fait Horace au poëte Tibulle. Et faut-il que vous soyez encore un homme jeune et content pour vous livrer à ces fêtes de l'imagination bourgeoise en plein exercice, en pleine liberté de votre esprit ! Vraiment, c'est si rare, un accent vrai, un homme au-dessous du nuage, un poëte en langue vulgaire, un bel esprit qui jase entre l'enclume et le marteau !

Donc, je vous félicite en toute hâte, et je suis parfaitement tout à vous.

A M. P. Ménière, à Paris.

Spa, 30 juillet 1856.

Mon cher ami,

Vous êtes toujours un brave homme avec qui les absents n'ont pas tort, et Dieu sait que votre bonne lettre a été la bienvenue. Il était temps que j'eusse enfin quelque repos, car je commençais à oublier même le petit nom que je porte, tant ma pauvre tête était fatiguée ! En trois jours de bon temps et de beau temps, j'ai fini par me retrouver moi-même ; seulement, je suis pris d'une invincible paresse, et je ne me figure plus la forme d'un homme écrivant...

Ici l'on flâne... On se lève, on se promène; on déjeune, on se promène; on dîne, on se promène; on dort, et même en dormant on se promène. Rien que l'action de respirer cet air facile à vivre et tout imprégné des douces vertus du soleil est une action clémente et charmante ; on n'est plus une bête à style, on est un homme à larges poumons. Puis tout passe, tout va et vient autour de vous : l'Anglaise aux longs cheveux, l'Allemande aux yeux bleus, la Française en crinoline et le buste à laisser tout faire ! Il y a des musiques, des chansons, des dominos, des roulettes, des fantaisies, des amours, et de vieux journaux qui parlent librement de la liberté, de la constitution, de la nationalité : que vous dirai-je? une grammaire de 1832, un dictionnaire de 1846!

Il y a aussi des exilés, des hommes frappés, Edgar Quinet, par exemple, un des esprits les plus éloquents et les plus avancés qui se soient jamais rencontrés sur la pierre dure où Mélibée entraîne le reste de son troupeau : *Ah! silice in nuda*[1]... Si bien que la journée à peine commencée

---

[1]. Virg., *Ecl.*, I, 15.

est achevée, et que le temps s'enfuit comme l'eau tombée d'un crible et dont on ne peut rien retenir.

Qui ne l'a pas éprouvée aurait peine à comprendre cette paresse et cette aimable langueur de l'esprit et du corps. J'ai pourtant lu, relu et corrigé trois fois mon deuxième article *Victor Hugo*; je l'ai envoyé à Paris, et je compte un peu, si je ne suis pas trop châtré... *caudamque*, disait Horace votre ami, que je ferai mon petit bruit avec ce chapitre assez écrit de la vie littéraire. Il est merveilleux, ce livre de Hugo; je l'ai relu en relisant Horace, et les deux lyriques m'ont également enchanté : le premier, justement parce qu'il est nouveau ; le second, justement parce qu'il est ancien.

Dans ce grand nombre de voyageurs de tous pays et de toutes conditions, nous avons cherché, mais en vain, M. Plumkett-Johnston. Pas de Plumkett-Johnston, mais trois Johnston non Plumkett : si bien que nous avons eu peur de faire une balourdise et que nous attendons le vrai Johnston, qui sera le bienvenu, grâce aux recommandations de notre ami Ménière, et pour faire honneur aux moindres désirs de notre illustre Dubois. De Johnstons et de Schmidts le monde anglais est rempli, et c'est même une admirable plaisanterie anglaise : « Holà ! Schmidt ! ta maison brûle ! » Alors tous les Schmidts se lèvent et vous cèdent la place au spectacle, à la table d'hôte ou dans l'omnibus.

Ici, plus d'une fois, on a parlé de vous, Ménière, avec de vifs regrets de ne pas vous voir, et on vous espérait un peu ; mais le moyen de vous arracher à vos clients... *postico falle clientem !* Faites donc entendre à des sourds que vous aussi vous avez besoin de repos !

Devinez de qui j'ai reçu une jolie et bonne petite lettre... Eh ! de votre garçon lui-même ! Il est charmant, ce pauvre enfant ! et comme il a bien compris que je l'aimais ! L'aimable naturel ! le gracieux esprit !

Allez, en passant par l'avenue de la femme du chef de l'État, visiter les maisons Seiler, et dites-*moi-z-en* votre opinion. On en parle ici beaucoup plus qu'en France, et vous ne sauriez croire les jolis chalets qui embellissent la ville de Spa !

Bonjour, mon cher ami. Cette lettre n'est pas facile à lire, mais soyez sûr qu'elle est écrite par un homme heureux, content, calme et reposé, qui se souvient à peine qu'il appartient au *Journal des Débats*, qu'il a trois volumes sous presse, et que dans quinze jours il sera pris à la gorge par *les Petits Bonheurs*.

Tout le monde ici se rappelle à votre bon souvenir, tout le monde vous voudrait voir, et moi je vous serre la main de tout mon cœur.

A Mme Émile Colonjon, à Saint-Pierre-de-Bœuf.

3 janvier 1857.

Ma chère cousine,

IL ne faut pas que je me montre indigne de la bonne fortune qui m'arrive en ne répondant pas tout de suite à l'aimable petite lettre que je reçois à l'instant même. Elle porte un nom qui m'est cher, et elle me vient d'un lieu dont le souvenir est ineffaçable. Ah! le cher petit village où mon père, et ma mère, et mon frère, et ma sœur, et moi enfin nous avons passé de si belles heures! l'humble et charmante maison qui de ses calmes hauteurs dominait tout le paysage d'alentour! Il n'y a pas un coin de vigne, il n'y a pas un grain de sable et pas une goutte d'eau dans le torrent qui ne sût mon nom quand j'avais quinze ans; pas un brin d'herbe dans la saulée et pas un oiseau chanteur qui ne fût bien aise, en ce temps-là, de me revoir. Chères années de poésie et d'études inconstantes!

Il n'y a pas trois mois qu'en feuilletant un de mes vieux livres j'ai retrouvé une branche de saule que j'avais placée entre deux feuillets en souvenir de la grande éclipse !

Hélas ! quand je l'ai traversé après trente années d'exil, ce cher petit village, il m'a semblé qu'il était cruellement changé. La fabrique avait apporté en ce lieu de silence et de paix son triste labeur et ses bruits de chaque jour ; tout semblait occupé et bruyant dans mon silence et dans mon repos d'autrefois ; les morts eux-mêmes, dans le cimetière, on eût dit qu'ils étaient mal à leur aise sous cette herbe brûlée et qu'ils brûlaient dans leur linceul. Hélas ! ce n'était pas le village qui était changé : c'était ce passant qui ne retrouvait plus les hommes et les femmes de sa jeunesse ! Et je revins le soir dans ma charrette, en songeant qu'il ne faudrait pas vieillir si l'on voulait retrouver la terre et le ciel d'autrefois.

Vous qui êtes jeune et vaillante, ma chère cousine, et dont la jeunesse colore de mille feux tout ce pays auquel je songe avec tant de regrets, vous ne le quitterez pas, et le pays sera toujours le même à vos yeux rassérénés ; vous verrez grandir les jeunes noyers, vous verrez tomber les vieux saules ; vous vieillirez ensemble, et vous ne connaîtrez pas le chagrin d'être une étrangère aux mêmes lieux qui vous virent enfant et jeune femme! Il n'y a pas d'autre façon de vivre et de vieillir heureusement.

Quant à moi, j'ai revu pour toujours le doux Rivage, et je n'y reviendrai plus. Je m'arrange en ce moment une cabane au milieu d'un petit jardin, et dans cette cabane j'abriterai doucement ma femme et mes livres. C'est là que nous espérons bien vous recevoir, et vous verrez que j'aurai retrouvé mon village, et ma jeunesse, et mes longues promenades d'alentour.

Pourvu cependant que la goutte, à laquelle j'appartiens en ce moment, me laisse en repos quand ma maison sera bâtie! Il y avait autrefois, à notre porte, un certain goutteux appelé *le grand Béraud*. Je le vois encore : on le traînait sur le seuil de sa porte, au soleil, et, la jambe étendue, il arrêtait les passants pour causer avec eux. Je l'aimais assez, le bonhomme, et je lui tenais volontiers compagnie. « Ah! fi! disais-je en moi-même, à coup sûr je ne serai jamais comme le grand Béraud! »

Et me voilà justement écloppé comme le grand Béraud! Vanité de la jeunesse et vanité des grands espoirs! est-ce que l'on pense, à quinze ans, à ressembler au grand Béraud!

Je vous embrasse tous de tout mon cœur.

A M. Gustave Révilliod, à Genève.

23 janvier 1857.

Monsieur,

JE compte les jours, je compte les heures, et je suis comme la sœur Anne, « qui ne voit rien venir »! Cependant j'attendais le beau livre que vous m'annonciez :

1° Pour me consoler de la goutte, qui me tient aux quatre membres;

2° Pour le lire avec le zèle et l'attention d'un lecteur qui lisait, il n'y a pas huit jours, les livres mêmes d'Henri Estienne;

3° Pour vous remercier, par ensemble, et du *Bonivard* et de l'*Anthoine Froment.*

J'ai lu rarement une chronique comparable aux *Actes et gestes merveilleux de la cité de Genève,* et maintenant, quand je veux savoir si un homme est « Souisse de nation », comme disait Montaigne, j'interroge ce *livre d'or;* et, quand j'y trouve le nom de mon homme, à la bonne heure! il est vôtre, il est de vieille souche et de bonne origine. Hélas! c'est un grand point d'orgueil pour les arrière-neveux d'être issus de ces hommes vaillants, courageux, hardis et fidèles, tout remplis d'enthousiasme et d'ardeurs généreuses. Leur souvenir est une force, et leur ombre même est féconde. Au bout de trois siècles, leur souvenir enfante encore des prodiges; et, de même que les pères se sont battus contre les princes de la maison de Savoie, il arrive que les enfants ne demandent qu'à se battre contre les soldats de la Prusse. Il s'en faut de beaucoup que nous donnions un pareil exemple à ceux qui viendront après nous, nous autres, les sujets de Bonaparte! En vain nous prenons les villes et nous gagnons des batailles au dehors, nos arrière-neveux ne verront que nos servitudes, et ils se demanderont comment donc étaient faits ces hommes si braves au dehors, si lâches au dedans!

C'est que nous ne savons plus le prix de la liberté, nous autres, dont les pères la payèrent si cher! Ils étaient semblables en ceci à vos anciens; à ce Froment que l'on veut *jecter au Rosne*, à ce Viret qu'on empoisonne, à ce brave Bonivard que l'on enferme au château de Chillon! Vous aviez vos bûchers, nous avions les nôtres; vous avez vos héros, nous avons nos martyrs.

Cependant je n'ai pas voulu différer plus longtemps et vous faire attendre encore, maintenant que je savais où vous adresser mes humbles louanges pour les grands services que vous rendez à l'histoire de votre patrie, et mes justes actions de grâces pour vos bonnes façons d'agir avec moi. Si vous saviez à quel point je suis heureux et fier de ces bonnes et glorieuses sympathies! Il n'y a pas chez vous que votre digne compatriote et ami M. de la Rive, qui porte un bien beau nom et consacre à mon *Histoire de l'Art dramatique* un chapitre excellent, et ces belles pages ont été et sont encore un des meilleurs encouragements que j'aie reçus en toute ma vie. On n'est pas prophète en son pays; heureusement que de temps à autre un bruit vous arrive qui vous encourage et qui vous console!

Agréez, Monsieur, les actions de grâces et les sincères compliments de votre obéissant et tout dévoué serviteur.

A M. L. Ratisbonne.

Paris, le 15 décembre 1858.

Oui,

Demain, à cinq heures, nous arriverons avec notre enfant nouveau-né! Nous le lirons en petit comité, chez vous, pour n'être pas dérangés. La chose est assez réussie; il y a seulement beaucoup trop de musique à faire; mais votre *maestro* sera le maître absolu d'ajouter ou d'effacer.

Hier quelle émotion! quel silence! On eût entendu voler un foulard.

Mais j'avais raison, Louis a triomphé sur toute la ligne, et les gens qui se connaissent en belles choses ont trouvé que cette élégie était une chose adorable[1]! A coup sûr, nous en aurons de la gloire, et, ce qui vaut autant, de la bonne renommée... Et puis, lundi prochain, sonnez, trompettes! battez, tambours! — Voici un petit échantillon assez joli de la critique qui l'attend!

Ma femme est là qui vous aime et qui vous embrasse de tout son cœur, et moi je vous crie *itou* de me croire un homme obéissant à vos moindres volontés.

A M. P. Ménière, à Paris.

Spa, 18 juillet 1859.

HÉLAS! mon cher ami, je suis parti un peu trop vite, et, si le voyage a réussi et si l'arrivée a été bonne, il faut convenir que le séjour est triste et lamentable! A

---

1. *Héro et Léandre.*

peine à Spa, nous avons eu à subir un grand dîner chez le banquier du pays, et ce dîner a duré cinq heures, — peut-être une heure de plus. Voilà donc ma réserve et ma sobriété exposées à de grandes tentations. Je crois cependant n'avoir pas succombé, et je suis rentré lestement.

Mais le lendemain, par un temps froid et pluvieux, je me suis assis sous les arbres pendant tout le concert de sept à huit heures du soir. Le ciel était frais, la montagne était mouillée, et l'arbre au-dessus de mon épaule exposée à ces intempéries me jetait goutte à goutte un rhumatisme abominable à l'épaule droite. A mon réveil, le lendemain, je sentis de lancinantes douleurs, et je compris que j'entrais dans une phase inconnue à ma goutte. Un jour après le pied gauche était pris, le lendemain le pied droit, et le surlendemain les genoux et les mains, la main droite à l'index, ainsi que vous le pouvez voir à cette belle écriture. Ainsi, vous avez sous les yeux la *Vierge* aux sept douleurs!

Pourtant (voyez le bizarre accident!) ma santé est bonne, ma tête est fraîche. Hier et avant-hier j'ai dicté 88 feuillets pour la France et pour la Belgique. En même temps, je dors comme un loir, sans fatigue et sans douleur. Je ne souffre un peu que dans le jour, et très-patiemment. La vie est calme et lente; on ne sait rien, on dit peu, on joue au whist, voire aux dominos, où j'avais commencé par des merveilles : 60 francs en deux jours! Pourtant je regrette un peu mon humble maison, et beaucoup, beaucoup, mon ami Ménière, un bel esprit, un excellent cœur, si grand ami! si éloquent! si chargé d'honneurs! qui vient d'enchanter Bordeaux même, la ville du poëte Ausone! Il n'y a rien d'étonnant que votre discours ait réussi : j'en étais sûr.

Comme vous, j'ai levé l'épaule à ces décorations stupides. Bacciochi, un m... que j'ai vu exerçant son métier de m..., commandeur en même temps que Sainte-Beuve, autant que Trousseau! Et vous, idiot, pas même officier comme Léon Gozlan, pas même académicien comme Viennet ou M. Legouvé!

Ma main s'arrête ici; mon cœur vous dit mille amitiés.

A Mademoiselle Camille Janin, à Saint-Étienne.

Passy, le 5 août 1859, minuit.

Ma chère enfant,

Si je ne t'ai pas fait des adieux plus tendres, c'est que je sentais que tu allais pleurer, et que j'étais moi-même attendri profondément. J'espère un peu que tu auras compris mon silence et que tu garderas de moi un bon souvenir.

Pour peu que tu restes à Paris quelques jours encore, il est impossible que tu ne retournes pas dans cette hospitalière cabane où tu étais la si bienvenue. Aussi, dans le tiroir de ma table, *à droite*, et à ton intention, j'ai laissé un méchant volume intitulé les *Contes du Chalet*. C'est le seul exemplaire, et il restera seul encore assez de temps pour que tu sois seule à le lire. Il faut le prendre et l'emporter; il te rappellera la maison, le jardin, la table et les fleurs de mon petit enclos.

Tu as bien réussi dans nos parages : tout le monde a trouvé que tu étais une aimable enfant, intelligente, et modeste, et bien élevée. Or je suis parfaitement de l'avis de tout le monde et très-heureux de ton succès. Le projet de ta bonne tante est de t'inviter l'hiver prochain à passer un mois à la maison. Si cela se fait, j'en serai bien heureux. Il faut qu'elle t'adopte, et d'elle-même, uniquement pour ta gentillesse et ta bonne grâce à l'aimer.

Si nous partons avant ton départ de Paris, c'est que mes jours sont comptés, que mon congé est resserré dans les plus étroites limites, et que mon passe-port même exigeait que je partisse demain.

Ceci dit, je t'embrasse avec une vraie tendresse, et je suis pour toujours ton vieil ami.

A M. Ad. Lachèse, à Angers.

A Passy, le 7 septembre 1859.

Mon cher ami,

JE vous rends mille grâces de vos bonnes paroles, et croyez bien que, de mon côté, je partage vos chagrins et vos joies.

Vous avez fait une grande perte : un ami de moins, c'est irréparable à notre âge. Ainsi, aimons-nous les uns les autres, car qui diable nous aimerait ?

Je suis revenu dans ma cabane avec un bonheur d'enfant. J'ai retrouvé tous mes livres et mon ami Ménière à leur place, avec de gros paquets d'épreuves qui contiennent *Horace* en entier. Mon *Horace!* un problème, un tour de force, et peut-être un de mes plus beaux naufrages. En même temps, je publie un nouveau livre intitulé : *les Contes du Chalet*, et naturellement ce livre est dédié à M. Lachèse, à qui je dois *la Table ronde*, qui fut le commencement de mon petit jardin. Voilà la surprise que je voulais vous faire, et que je vous ferai avant quinze jours d'ici, quand la première bise aura réuni autour de la première bûche une douzaine de lecteurs. Quel métier je fais là! quelle peine inutile, et suis-je assez idiot de me morfondre à ces stérilités!

Ne viendrez-vous donc pas une seule fois pour voir ma jeune femme et mes vieux livres, tous mes sourires, toutes mes joies? Nous vous recevrions si bien!

Je me rappelle au bon souvenir de votre père hospitalier, et je suis tout à vous, de tout mon cœur.

A M. Gustave Révilliod, à Genève.

Passy, le 10 décembre 1859.

Cher maître,

Il faut que le guignon s'en mêle! A chaque instant la poste obéissante et trop fidèle m'apporte harmonies, mélodies, soupirs, mélancolies, visions, invocations; aspirations également *poétiques;* mais le *Théodore de Bèze* et *le Pape malade*, en vain je les appelle: il n'y a pas de *Théodore de Bèze* au milieu du fatras poétique, et vous me voyez tout désolé et tout déconfit. J'ai réclamé, j'ai crié, j'ai prié : rien n'y fait! Il est sûr et certain que la poste de Passy n'a rien reçu, car j'y suis bien connu et bien aimé. La personne est allée à la rue Jean-Jacques-Rousseau, a fait ses recherches et n'a rien trouvé. Ne pouvez-vous pas, de votre côté, vous assurer que mon livre est en effet parti pour Paris?

Donc, vous me voyez bien peiné de votre bonne volonté pour moi si mal récompensée! Une autre fois, vous attendrez, je vous en prie, une occasion sûre, honnête et loyale. Il en coûte un peu trop pour plus s'en fier au libéralisme, à l'intelligence, à l'esprit peu lettré de notre aimable administration. Ces messieurs auront pris Théodore de Bèze pour Victor Hugo; ils se seront figuré que Bèze était un faux nom de Félix Pyat, et ils l'auront jeté au feu.

Belle conclusion et digne de l'exorde!

Toujours est-il que me voilà pestant et jurant, et très-malheureux de cette circonstance, et vous demandant pardon de la loi sous laquelle nous vivons. Mais quoi! ce n'est pas moi qui l'ai faite, et Dieu merci!

Je vous ai mis en réserve un *Conte du Chalet*, — une Introduction à mon *Horace*, — et bientôt *Horace* aura vu le jour, *fervet opus*. Ces trois petits livres, je les tiendrai à votre disposition.

Ma chère femme se rappelle à votre bon souvenir, et se cuide avec qui vous parle un de vos bons amis.

A M. Thiers, à Paris.

Passy, le 9 février 1860.

Monsieur,

Vous m'avez permis de vous présenter mon petit *Horace*, et, depuis tantôt six mois que je le corrige avec le zèle et l'ardeur d'un traducteur de vingt ans, la permission que vous m'avez donnée est un encouragement à bien faire.

Il y a telle épître, en effet (la belle épître du second livre), que l'on dirait adressée à M. Thiers, et, si j'ai donné l'accent français à ces belles choses en restant fidèle au texte, à coup sûr j'ai mérité qu'un homme tel que vous fît quelque attention à ce rude et charmant travail.

Voilà pourquoi je n'ai pas été très-étonné lorsque vous m'avez fait l'honneur de me parler de mon livre. Hélas! au milieu de cet abandon universel de tout ce qui n'est pas la force et la victoire, on s'attend si peu à de bonnes paroles, elles sont si rares!

D'ailleurs, Monsieur, vous avez toujours été pour moi un juge aimable et bienveillant. Le seul encouragement que j'eusse reçu en toute ma vie, il m'est venu de vous[1]; enfin, justement parce que vous avez été un grand ministre du roi, vous savez mieux que personne quels sont les honnêtes gens et les honnêtes écrivains qui méritent votre estime. Ils ne sont pas si nombreux que je ne sois pas bien sûr de votre estime.

Au plus fort de cette mêlée où vous donnez l'exemple du courage et de l'espérance, il y a

1. Sa décoration, en 1856.

encore des hommes de votre génération qui vous suivent, et je suis de ceux-là... *Longo intervallo !*

Donc, s'il vous plaît, agréez mon petit livre, avec les profonds respects et les meilleures déférences de votre obéissant et tout dévoué serviteur.

A M. Lucas de Montigny, à Mirabeau.

Passy, le 7 mars 1860.

Oui, *puisque je retrouve un ami si fidèle et si brave homme*, il faut que je lui dise en effet que je suis bien content de son aimable lettre. Une chose aussi me plaît beaucoup : c'est que vous ayez découvert ce chiffon de papier dans lequel je parlais de votre admirable père, que *nous* avons perdu. La belle âme et le grand cœur ! Je l'aimais d'une amitié toute filiale, et le (brave homme !) il m'a laissé de sa sympathie une preuve authentique, irrécusable, au milieu de sa collection d'autographes. Que de bonnes paroles il m'a consacrées ! avec quel soin merveilleux il a conservé tout ce qui pouvait servir à ma bonne renommée ! A chaque page, à chaque ligne de cette heureuse collection, je parais dans un beau jour ! Si bien que je vais précieusement garder ce catalogue [1]. Il contient les belles années de ma vie, il contient ma jeunesse et mes bonnes actions. Je suis fier en lisant ces attestations de chaque année, et je regrette aujourd'hui de n'avoir pas des enfants pour leur laisser ce témoignage de mes années bien remplies ! Voilà ce que je ne pouvais pas dire en parlant de votre père, et voilà ce qu'on dira peut-être après ma mort.

Ce n'est pas que je renonce encore à ma part dans les fêtes de l'étude et dans les bruits de ce bas monde. Il se passe en ce moment trop de choses monstrueuses pour qu'un homme un peu curieux consente à mourir avant d'avoir vu la fin de ceci ou de cela, car soyez certain que « ceci tuera cela », et que l'instant d'après « cela tuera ceci ». Mais où ? quand ? comment ? Voilà la curiosité ; voilà pourquoi je veux vivre, et je veux vivre aussi pour revoir mes jeunes amis que le courant de la vie a poussés, çà et là, sur tous les rivages, dans tous les hasards, à la guerre, dans les arts de la paix, voire à la cour. Je sens que je vieillis, puisque à ces enfants d'autrefois je pardonnerais même d'être sénateurs !

---

[1]. Catalogue de la collection de lettres autographes, manuscrits du comte de Mirabeau, documents historiques sur la Ligue, la Fronde, la Révolution, etc., de feu M. Lucas de Montigny. Paris, Aug. Laverdet, 1860.

Donc, je prends acte et bon souvenir de votre engagement de venir me visiter dans la cabane assez jolie où j'ai logé tout ce que j'aime, à savoir ma chère femme et mes vieux livres. Là vous serez toujours le bienvenu, comme un digne fils de votre excellent père et comme un bel esprit égoïste et charmant.

Je suis parfaitement tout à vous.

A Mademoiselle Camille Janin, à Saint-Étienne.

Passy, le 8 juin 1860.

Ma chère enfant,

Ta petite lettre est arrivée à bon port, et nous l'avons lue avec grand plaisir. C'est beau et bon, le contentement mêlé de jeunesse et d'espérance !

On ne se doute pas que tout ce que peut faire un écrivain (j'entends un honnête écrivain), *c'est vivre*, et que, s'il meurt sans dettes et sans argent comptant, il accomplit une tâche presque impossible ! Il faut tant de prévoyance et de zèle, avec tant de travail, pour mettre au jour le plus petit livre, et le plus grand succès vous rapporte si peu !

Jamais je ne dirai le peu d'argent que m'a rapporté mon *Horace* après une vente si rapide... Il est vrai que j'ai payé de mes deniers les *corrections* à ces deux éditions... Ces corrections représentent, ou peu s'en faut, tout mon bénéfice.

Au reste, un jour tu le verras toi-même : je te laisserai mon petit *Horace* et mes *Petits bonheurs*, avec *Barnave* et *l'Ane mort*, et la *Littérature dramatique* aussi, pour t'acheter des épingles; seulement, tu auras soin de n'en pas trop dépenser. « Tirée à quatre épingles », c'est tout ce que tu pourras te permettre avec ce beau legs! Sois donc prudente. Tu vaux beaucoup pour ta belle grâce et ton bel esprit; sois fière, et tu seras sauvée.

A l'heure où je t'écris, je viens d'augmenter ton héritage d'un nouveau livre intitulé : *la Fin d'un monde*. Il est là, tout imprimé. Il ne m'a guère pris que vingt ans de ma vie, et je le regarde avec une espèce d'hébêtement, tant je me trouve en effet un franc niais d'avoir si mal dépensé de si belles heures! Peut-être entendras-tu parler de ce nouveau tome; il est étrange, il ne ressemble en rien à mes anciens livres, et moi-même, en ce moment, je ne sais pas ce que j'ai fait. J'ai grand'peur qu'on ne me le dise rudement à coups de sifflet!

Si tu voyais mon jardin, tu battrais des mains

de joie : il est plein de roses et des plus belles fleurs. Les arbustes ont poussé : ils sont gros comme moi; le bassin même éclate et brille en mille splendeurs aquatiques; le gazon est vert comme un tapis coupé ras; le merle est là qui siffle, et le moineau qui piaule ! Et les arbres m'enveloppent, que c'est une bénédiction !

J'en oublie, avec ces fleurs, la passion des vieux livres. Le jardinier fait tort au relieur, et je me ruine en arrosages. Il est très-vrai que le diable, étant vieux, se fait ermite... ou jardinier.

Écrit à ma chère nièce Camille un beau jour de Saint-Médard, qui promet à mes deux orangers un arrosage de quarante jours. *Amen.*

Ton oncle et ton ami.

A M. Jules Clarétie.

21 août 1860.

Vous avez là, Monsieur, une si bonne et si charmante disposition, que je vous réponds avec autant de hâte que l'archevêque à Mme de Rothschild, si elle voulait se convertir.

Justement j'avais fait, il y aura tantôt six mois;

pour un savant jeune homme... (un bibliophile en fleur!) une *instruction pastorale* où je lui indiquais les premiers devoirs, les premiers besoins des affiliés à cette honnête corporation dont M. le duc d'Aumale est le plus illustre et le plus docte maître; et vous trouverez cette *instruction* dans un des numéros de la *Gazette des Beaux-Arts*, publiée par M. Charles Blanc, laquelle *Gazette* est logée au n° 55 de la rue Vivienne, à Paris.

Cette épître à Jules Moreau vous donnera les premières indications; mais ceci est à peine un *rudiment* : il faudra que vous voyiez de vos yeux, que vous touchiez de vos mains la charmante et glorieuse passion à laquelle vous êtes appelé; il faudra que vous alliez vous-même aux ventes célèbres et que vous passiez glorieusement sous le feu des enchères : *Fiet certaminis cui destinatur fremens spectator* [1] *!* Il faut aussi vous rendre compte de ce beau spectacle : une suffisante quantité de beaux livres réunis en un bel espace. Or, voilà, Monsieur, ce que je veux vous montrer chez moi à mon retour d'un petit voyage que je vais faire pour me reposer de ma traduction d'*Horace*, et retrouver, si je puis, les yeux que j'ai perdus.

1. Imitation de Quintilien. Le texte réel est : *Et sit certaminis cui destinatur frequens spectator*. Quint., X, 5, 19.

Je pars ce soir. Je serai revenu dans trois semaines, et, s'il vous plaît, je vous mettrai le pied à l'étrier à mon retour.

Je vous loue... et je vous plains! Vous voilà heureux et ruiné pour le reste de vos jours!

A Mademoiselle Camille Janin.

1860.

CHÈRE enfant, je reçois à la même heure, et le même jour, une lettre de ma chère nièce, une lettre de Mgr le duc d'Aumale... J'ai lu ta lettre en premier ordre, et j'étais bien content de ton souvenir.

Je ne t'écris pas souvent, mais il est facile à toi de me suivre et de voir, même de si loin, que je suis un homme occupé et pris de toutes parts. Avec ça qu'à force d'écrire et de lire aussi, mes petits yeux gris se sont fâchés; ils ont jeté feu et flammes, et me voilà plus que jamais dictant à ma chère femme, et la pauvre enfant, quand elle a bien écrit sous ma dictée, elle est là qui me lit toutes sortes de gros tomes que je voudrais relire avant d'être un vieux bonhomme inerte, hébété, mélancolique, idiot, et parfaitement méconnais-

sable aux yeux vaillants de sa nièce Camille.
Ainsi, il est bien convenu que toi et moi nous
nous entendons à merveille, et la preuve en est
dans ta lettre et dans tes souvenirs. Chez nous,
qui dit aujourd'hui dit encore hier. C'est tout à
fait la même chose : un petit jardin, un grand
travail, les mêmes amis, pas un nouveau, pas un
qui soit perdu; Mme Joanne à la cuisine et
Mlle Julie au salon. Nous serions contents si
Mlle Camille était tant seulement habitante de la
Grande-Rue, et qu'elle apportât souvent sa gentillesse et sa bonne grâce au milieu de nos vieux
livres!

Avant qu'il soit huit jours, j'irai rejoindre aux
Rotoirs la maîtresse de céans, et pendant quinze
jours nous travaillerons, car j'ai un tome à finir.
Non, cette année, il n'y a pas de Spa et pas de
voyage! Il y a tout simplement la campagne et
les promenades à travers champs : car, voyez la
métamorphose! en ce moment je marche et je
vais de mon pied *léger,* tous les soirs, au bois de
Boulogne, où je fais une lieue autour du lac. Qui
m'eût dit cela l'an passé, quand j'étais pris d'une
horrible goutte qui m'a tenu quatre mois sur mon
fauteuil? Mais... chut! ne réveillons pas la goutte
et le chat qui dort!

Je me rappelle au bon souvenir de tous les

tiens, qui sont les miens; ma femme aussi les embrasse, ainsi que moi, et l'un et l'autre nous t'envoyons nos meilleures tendresses.

Ton vieil oncle en cheveux blancs.

P. S. *Horace*, enfin, paraîtra dans quinze jours.

A M. Ménière, à Paris.

Tréport, le 13 septembre 1860.

Mon cher ami,

Comme on voit tomber à toute heure un grand médecin sur la plage du Tréport, aujourd'hui le docteur Marx, le lendemain Trousseau, hier encore Guéneau de Mussy, nous espérions à chaque instant que Ménière allait venir, et Dieu sait s'il eût été reçu à bras ouverts!

Moi, cependant, que fais-je et qu'ai-je fait de ce repos si bien gagné? J'ai fait de l'*Horace*. A peine arrivé et déjà nonchalant, je reçois une lettre de Hachette, un tocsin d'alarme. O surprise! étonnement! scandale! *Horace*, mon cher petit *Horace*, avait pris sa volée, et soudain les trois mille exemplaires étaient partis sans souci de Garibaldi, de Naples oisive et du voyage de l'empereur. C'était à n'y rien comprendre, et le libraire ébahi ressemblait tout à fait à la poule ayant couvé des œufs de cane. Or je n'étais guère moins étonné que cette poule aux œufs d'or. *Horace* épuisé, c'était un rêve. Et des lettres de félicitations par boisseaux ! et des vers latins, des vers français, des vers grecs ! Une ode en grec de Sapho m'est venue... des cieux d'Angers, votre patrie ; en grec, mon cher !... Moi, voyant cela, j'envoie au diable le repos, l'oisiveté, le rêve, et je corrige, et je corrige, et je relis... Et ce matin même, avec votre chère lettre, on m'apporte un nouveau cri de ce même Hachette. Il y a comme un bourdonnement dans mes oreilles et dans mon esprit de cette adoption presque unanime. On dirait que j'ai découvert le premier le *Justum ac tenacem* [1], et que je ramène au public une cargaison de Lalagé, Lydie, Chloé, Néobule, Leuconoë, Héros et m......... tout ensemble, il n'y a pas de plus magnifique piédestal. Bref, j'en suis tout ahuri, et je vous jure aussi que cette deuxième édition sera sans reproche et que vous aurez un vraiment joli livre.

En même temps, Dieu sait que dans mon oisiveté je n'étais pas oisif ! J'écrivais dix lettres chaque

---

1. Hor., *Od.*, III, ɪɪᵉ, 1.

matin (à des inconnus, mes amis étant supprimés); je dictais deux feuilletons, — et puis je faisais un petit roman en un petit tome que je rapporte à Lahure, et dont maître Hetzel fera son profit, — puis des lettres à toutes sortes de professeurs, cuistres, etc. Voilà ma vie! Avec cela un clou sur le cou, un petit clou, mais enfin on en sent la pointe; et, moins ce clou, très-bien portant, très-content! Et lundi prochain nous partons, nous revenons; nous rentrons au chalet de mes amours, le chalet de l'humble Ibycus! Nous retouverons nos *épreuves*, Horace et notre ami Ménière. Ainsi, mardi prochain, 18 septembre, au plus tard, nous vous attendons à dîner.

Quant à votre lettre au *Moniteur,* écrite dans une serre *pleine de fleurs* (c'est un mot de Pindare), André est le nom de mon jeune fleuriste. Il s'occupe en ce moment d'une monographie des *Cannas* qui verra le jour bien avant certaine monographie des *Orchidées,* écrite par un monsieur tout rempli de son sujet. De grâce, n'oubliez pas le jeune André! Et que je serai content d'être honoré d'une guirlande! Au fait, je suis membre de la société de Flore depuis tantôt quarante ans! Je fus reçu le même jour que M. Étienne, un pair de France du *Constitutionnel.*

Ainsi, je reviens, et nous allons nous revoir et

recauser. Je ramène avec moi cette aimable et laborieuse femme ornée de grâce et de mille tendresses charmantes. Elle est restée étonnée et confondue de cet *Horace* envolé dans les nues.....

Tout le monde ici vous dit mille amitiés. Le petit Paul est parti avant-hier *pour la chasse;* ici les perdreaux se promènent doucement parmi de très-belles récoltes dont on n'a pas perdu une seule gerbe, et que le paysan normand rentre assez nonchalamment, comme un bien qui lui est dû.

Vivat Émile ! et son papa ! sa mère itou !

Votre illustre ami.

Au prince Augustin Galitzin.

Passy, le 20 septembre 1860.

Monsieur,

Votre lettre et le beau livre et le bon souvenir de M. de Falloux m'ont rendu très-heureux et très-fier. J'ai gardé précieusement la lettre et placé le livre au premier rang, puis, tout enhardi de cette heureuse aubaine, il m'a semblé que vous me permettriez, vous et M. de Falloux, de vous offrir ce petit *Horace* en vile prose. Il est *mien*, voilà tout ce que j'en puis dire, et je le corrige en ce moment avec cette ardeur toute paternelle du proverbe : *Qui aime bien châtie bien!*

Je voulais donc vous l'envoyer non pas *expurgatus*, mais bien et dûment *châtié;* mais il faut six semaines à M. Lahure pour arriver à cette deuxième édition; or six semaines, c'est trop long dans un temps où les plus grands établissements croulent en vingt-quatre heures. C'est pourquoi, Monsieur, voici mon petit livre en sa jouvence, et tout semblable au petit Mortara, la croûte à la tête et la morve au nez!

Agréez en même temps les meilleures déférences de votre obéissant et tout dévoué serviteur.

A M. H. Nadault de Buffon.

Passy, 28 novembre 1860.

Certes, Monsieur, je serais bien malheureux si je ne m'étais pas souvenu d'une promesse que j'avais faite avec tant de plaisir au digne petit-fils de M. de Buffon. Dieu merci, je ne suis pas un ingrat: je vous avais promis un article dans l'*Indépendance belge*, et j'en ai fait deux. Malheureusement je ne m'étais pas engagé à vous annoncer que ces deux morceaux avaient vu le jour; je comptais même un peu, pour que vous en fussiez prévenu, sur la nouveauté de mon travail et sur la popularité du journal auquel il était destiné. *Dis aliter visum!* Et maintenant il me serait presque aussi difficile qu'à vous-même de retrouver ces jouets des vents d'automne. Heureusement que je puis vous indiquer une date certaine. Mon premier article sur Buffon a paru dans l'*Indépendance belge* le jour même où paraissait à Paris, dans la *Gazette des Tribunaux*, un morceau d'une prose magistrale et tout à fait digne de parler du grand homme dont le génie égalait le génie même de la nature[1].

Aussi, Monsieur, soyez malheureux et content : content de votre désir accompli, malheureux de la maladresse de vos amis du cercle de Chalon, qui ne vous ont pas prévenu de ces louanges. Vous auriez été averti beaucoup plus vite si l'on avait mal parlé de vous. L'esprit humain est ainsi fait : le moindre quolibet se colporte, une belle parole on la garde pour soi.

Je suis, Monsieur, bien sincèrement votre obéissant et tout dévoué serviteur.

---

1. *Notice sur la correspondance inédite et annotée de Buffon*, par M. de Mongis, conseiller à la Cour d'appel de Paris.

A M. L. Orfila.

Le 27 décembre 1860.

Mon cher ami,

Je suis aussi leste, hardi, brillant, vaillant, dispos, saltimbanque et sénateur que je l'étais à votre départ. On dirait même (et c'est l'avis de bien des gens qui sont en leur bon sens) que je n'ai jamais été plus voisin d'un parfait goutteux; et cependant je me résigne, attristé seulement par l'absence de quelques amis qui ont chez nous leurs grandes entrées, qui savent dîner sur un coin de la table et se contenter des services de Mlle Julie Delatour. C'est pourquoi, hier encore, on pensait à vous dans le chalet, et l'on comptait les jours qui nous séparent les uns des autres; et puis Ménière était ce même jour (six heures du soir) retenu chez son beau-père, affligé d'une fracture assez grave au col du fémur. Or voici que ce matin, comme si vous aviez voulu nous récompenser d'avoir pensé aux absents, vous nous envoyez une aimable lettre et l'annonce d'une *Siraudinerie* extra-muros! Et pensez si nous avons été contrariés d'être ainsi devancés par vous, au moment juste où nous envoyions à MM. Jacques et compagnie un tas de bonshommes qui les amuseront de leur grimace. Ils sont partis, ils arriveront, je l'espère, à bon port, sans rencontrer MM. Jud et compagnie, en l'hôtel de M. votre beau-père, à qui je présente mes meilleurs respects, ainsi qu'à Mme Berard, ma femme en même temps se rappelant au bon souvenir du père et de la mère et de leur aimable fille. Elle a bien travaillé, ma pauvre femme! elle a écrit des volumes sous ma dictée, et parfois je me prends à la plaindre, à l'appeler une dupe, à la trouver bien malheureuse!... Un goutteux, pour une femme jeune et belle, c'est pis qu'un receveur général, un préfet, un ministre et (voire) un maréchal de France accablé de lauriers. Un goutteux, c'est ce qu'il y a de pis à épouser; et quand, par-dessus le marché de sa goutte, il est un faiseur de feuilletons, de romans, de versions latines, et que sais-je? il n'y a plus qu'à tirer l'échelle, et la misère de cette humble femme est au grand complet.

Voilà, belle Émilie, à quel point nous en sommes.

Donc, je compte assurément que vous nous reviendrez à l'heure indiquée à l'avance sur le calendrier de la nouvelle année. Acceptez cependant, mon cher ami, les vœux les plus sincères de vos deux amis du chalet.

Le chalet! il a résisté à la pluie, à la neige, à l'hiver, à la glace, et même au directeur des contributions!

Votre tout dévoué.

Écrit avec un DOIGT ET DEMI à la main droite. — *Et partez* [1] *!*

A Madame Buloz-Blaze.

Janvier 1861.

Madame,

UNE bonne parole venant de vous me sera toujours bien chère et bien précieuse. Hélas! si vous saviez quelle place votre aimable et bien-aimé père tient dans mes souvenirs! Il est si complétement associé à tant de morts que je pleure : Armand Bertin, M. Bertin, Mme Armand, qui vous aimait tant, hier encore la vieille et bonne Mme Bawr! Chaque année emporte avec elle nos tendresses, et nous n'avons plus d'autres ressources que de pleurer les gens que nous avons aimés.

Dans ces petits livres que je recueille en les complétant de mon mieux, j'ai le projet d'écrire

---

1. Cette copie est de la main de M. Orfila; je l'ai collationnée sur l'original.   C. J.

un long chapitre à la louange de mon cher Castil-Blaze, ce brave esprit, ce noble cœur, ce caractère ingénu. Ainsi, lui et moi, un peu plus tôt, un peu plus tard, nous tomberons dans le même oubli. Et, si quelque bonne âme un jour veut nous relire, lui et moi, il faudra bien qu'elle nous relise en même temps tous les deux.

Ma femme est bien heureuse de vos amitiés; elle vous les rend de tout son cœur. Elle et moi nous vivons un peu loin du monde, humbles et contents.

Mais, Madame, avec le plus grand respect, je vous suis un homme obéissant et dévoué.

A M. Gustave Révilliod, à Genève.

Passy, le 27 janvier 1861.

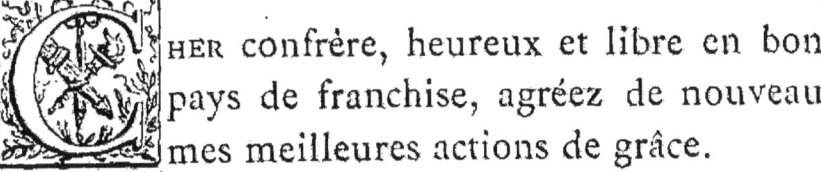CHER confrère, heureux et libre en bon pays de franchise, agréez de nouveau mes meilleures actions de grâce.

Aubry m'a enfin envoyé *le Recteur* et *le Sadolet*, de bonne race, édités par un digne héritier de cette famille de grands esprits qui savaient rire en mordant et mordre en riant. Quant au *Bluet*[1], qui n'est rien moins qu'un bluet de la mère Oudot, je l'attends encore; il me viendra, je l'espère, et je ne confonds pas Cherbuliez avec Aubry.

Il y a quelques vingt ans que ce Cherbuliez m'accablait d'injures; il me prenait pour l'Antechrist, et je suis sûr qu'à mon nom seul il faisait le signe de la croix. Il s'est calmé en lisant *la Religieuse de Toulouse,* car les protestants du Midi l'ont entourée de sympathie et de respects.

Mais ce puritain, Cherbuliez (si c'est bien le même et s'il n'est pas mort, car enfin nous mourons tous ou presque tous), que va-t-il dire en lisant certain livre intitulé : *La Fin d'un monde* et *la Fin du Neveu de Rameau,* publiés par la *Revue Européenne,* sous le patronage de M. le ministre de l'instruction publique et *des cultes?*

J'espère un peu que vous lirez cette double *suite* au chef-d'œuvre de Diderot. J'y ai mis tout mon zèle et tout mon style, avec des rages, des extases et des malédictions à damner... Cherbuliez et M. de Montalembert. Certes, je ne suis pas

---

1. *Bluet.* M. J. Janin fait allusion à la traduction de la *Prairie du Jacinto,* qui parut ornée d'une reliure d'un beau bleu barbeau.

(*Note de M. G. Révilliod.*)

sans inquiétude, et je vous demande en grâce, si la *Revue Européenne* vous tombe sous la main, de me dire un peu ce que vous pensez de mon *exorde* et de ma *proposition*.

Si pourtant, après la lecture de mon nouveau livre, on vous dit que j'ai cessé d'être un royaliste, un libre penseur, un honnête homme, et que j'aspire aux honneurs du Sénat, répondez hardiment que vous n'en croyez pas un mot. J'obéis cette fois encore aux inspirations de l'écrivain; j'obéis en artiste, et non pas en bonapartiste; et, si je m'inquiète assez peu des Cherbuliez, je tiens fort à l'autorité des Révilliod, des de la Rive et des Villemain, y compris ce charmant voltairien appelé M. Thiers.

Voilà pourtant, mon cher confrère, à quoi je perds ma vie, et comment, sans trêve et sans repos, je vais d'un livre à l'autre : *Horace* aujourd'hui, le lendemain *Diderot*. Je corrige en ce moment les *Voyages de Gulliver*, traduits par l'abbé Desfontaines avec un sans gêne inqualifiable... et je ne comprends pas que Cherbuliez n'ait pas fait une guerre à mort à ce Gulliver décolleté. Ça n'a l'air de rien, ce pamphlet à corriger; ça m'a pris tout un mois, et je reste assez honteux de cet utile emploi de mes plus belles journées. Il est vrai que j'écris ces choses dans mon jardin, sous mes arbres, au chant de mes oiseaux qui me payent, à les croire, mes munificences de l'hiver :

« O grand Dieu ! disait Scaliger, un jardin plein de fleurs, un cabinet plein de livres, c'est le paradis ! » Je me suis fait le paradis de Scaliger, et mon paradis vaut mieux que le sien de toute la grâce et charme et beauté d'une femme honorable et belle. O paradis ! si nous avions un peu de cette liberté décente indispensable aux honnêtes gens et dont ils ne sauraient se passer pas plus que de linge blanc ! Mais quoi ! toujours ce spectacle honteux des plus grands coquins... des plus fameuses bassesses : Baroche et Rigolboche... et, pour clore, Anna Deslions foulant à ses pieds fangeux la fille des ducs de Savoie, alliés à la maison de Bourbon !

Où diable mon esprit prend-il ces gentillesses, et de quel droit vous attrister ? Moi-même aussi, pourquoi m'attrister de ce spectacle qui échappe jusqu'à nouvel ordre aux justices du feuilleton ?

Votre ami et confrère et tout dévoué.

A Madame la comtesse de Gasparin, au Rivage.

Passy, le 22 avril 1861:

Madame,

Il y a bien longtemps, bien longtemps, que je rêvais une récompense; et je la voulais qui me vînt de très-haut, qui ne fût pas due à quelque importunité misérable, à quelque boule idiote jetée en quelque vieille urne par une main ridée! Il me la fallait bienveillante, active, honorée, et qu'elle n'eût rien à faire avec ce sceptre banal, ce trône insensé, cette couronne ridicule, ces Tuileries volées, ces princesses sans nom, ces princes écrasés sous une brochure! Ah! ma chère et charmante récompense au front pur, au regard plein d'intelligence, au regard sérieux!

Je rêvais aussi que la voix ne me dirait pas : « Tu es un homme éloquent! tu tiens une plume habile, et je salue en toi un bel esprit! » Récompenses de *Revue* et de journal, cela s'en va au premier souffle. Ombre et fumée, un néant! « Et tout est vanité! »

Un seul mot, pourvu qu'il me vînt d'une bouche éloquente et d'un noble cœur, suffisait à ma joie, à mon orgueil : « Vous êtes un brave homme! » Et rien de plus. Rien que cela? Tant que cela? Tout cela. Voilà pourquoi depuis trente années je travaille, et pourquoi je me maintiens, soldat obscur mais fidèle, au milieu de l'ardente mêlée.

Oui! et pensez, Madame, à ma reconnaissance, à mon contentement jusqu'aux larmes, quand cette voix touchante et charmante, au milieu des prochains horizons, habituée au *parler vrai*, m'a daigné faire entendre une si fière approbation. Pour ma part, je n'en veux pas davantage, et je m'y tiens.

Laissez-moi cependant vous dire, ô lumière! à quel point je suis fier et touché de vos bonnes paroles, et que je suis, avec le plus profond respect[1], etc.

---

1. *Note de Madame de Gasparin.* — Partout et toujours M. Jules Janin s'est montré courageux. En 1848, lorsque chacun tournait le dos à la royauté déchue, lui seul et mon mari bien-aimé ont bravement rendu justice à Louis-Philippe exilé.

Ici, c'était d'un autre *paria* qu'il s'agissait.

On se souvient de Richard Wagner, de son *Tannhaüser*, du traitement ignoble que lui fit subir cette bête féroce, aveugle et lâche, qui s'appelle : *coterie, prévention, parti pris!*

Jules Janin seul s'indigna, se révolta, se rangea du côté de ce vaincu du jour, qui n'était pas encore le vainqueur du lendemain.

Et c'est alors que de plein cœur je lui écrivis tout droit : « Vous êtes un brave homme! »

Comtesse de Gasparin.

Quand ces lettres furent échangées, Mme de Gasparin et Jules Janin ne pouvaient prévoir que Richard Wagner souillerait un jour sa plume en écrivant *Une Capitulation.* C. J.

A M. Valery Vernier.

Passy, 13 juillet 1861.

Moi! j'ai lu *Gréta* tout d'une haleine, et j'en suis très-content.

Si vous ne m'aviez retenu, j'aurais déjà parlé de cette élégie en toute justice : cela est plein d'intérêt, de pitié, de douceur. *Le charme!* Ah! quand on sort du grand tapage où je suis plongé, le charme est si doux !

Avant qu'il soit quinze jours, vous aurez votre *acceptation*, signée de votre ami J. J. ; vous savez si je vous ai fidèlement et sincèrement adopté!

Cependant, courez le monde, amusez-vous, reposez-vous; laissez-moi dans la fournaise, et si vous allez à Spa (je suis bourgeois de Spa, même en cela, le seul titre d'honneur qui m'ait jamais été accordé), portez cette carte à mon cher ami Davelouis. C'est un galant homme, avec toutes les grâces et toutes les bontés du monde pour la jeunesse; il vous recevra paternellement.

Je suis tout à vous.

A M. P. Ménière, à Paris.

Tréport, le 21 août 1861.

Mon cher ami,

Au bord de l'Océan, plein de bruits charmants, je vous écris pour vous dire un petit bonjour. Nous sommes arrivés par une tempête de zéphyrs, une mer splendide et fort peu de compagnie sur la plage. Ici, nous nous reposons... en travaillant toujours un peu ; ici, nous menons une vie heureuse, et liberté! paysages! promenades au bois! méditations au château d'Eu! Bien souvent nous pensons à Ménière en roucoulant :

> Mon frère a donc tout ce qu'il veut,
> Bon souper, bon gîte et le reste.

Ah! « le reste »! il n'y a rien de mieux que ce reste; il faut seulement pouvoir! Et, si je cite ici le bon La Fontaine, ami très-cher, n'allez pas croire au moins que ce soit pour vous rappeler certain exemplaire de la première édition que vous me donnerez un jour ou l'autre, après vous être impunément dit à vous-même : « Oh! que non pas! Je tiens à mon livre, et je le garde; il en a bien assez. » Et toutes sortes de mauvais motifs qui s'en iront comme une fumée aussitôt que vous reviendrez à votre aimable bon sens de chaque jour.

Si, par bonheur, vous veniez ici, au bout du monde, entre la terre et l'eau, vous seriez le bienvenu. Les maîtres de céans apprécient fort votre urbanité, votre courtoisie. Il y avait avant-hier le docteur Marx, qui disait que votre académie était immanquable à cette heure, et qu'il s'en réjouissait fort. Moi, j'achève un conte assez joli. Après avoir bien tremblé pour *Rameau,* je me rassure; il ne fait pas grand bruit encore, et pourtant je ne sais quoi m'avertit que la chose ira bien. Hier encore une dame (elle m'a semblé naturellement charmante) avait lu le dernier chapitre de la *Revue Européenne;* elle en était « stupéfaite ». Bischoffsheim affirme (il m'a écrit une aimable lettre) que *Rameau* fait *florès* à Turin même, où l'on en possède... UN exemplaire au Casino des nobles! Bref, toutes sortes de rumeurs...

Écrivez-moi, mon cher ami le Parisien, comment se comportent votre philosophie et votre rotule droite, et si la synovie morale marche du même pas que l'autre, à savoir clopin-clopinant. De la ville il n'est plus question par ici : la récolte et la vendange occupent toutes les âmes. La récolte est pour les sages, la vendange (ici) est pour les fous. Puis la chasse en l'honneur des gringalets, tels que le sieur Paul, qui ne rêve plus que perdreaux, lièvres et fillettes... La plume et le poil, tout convient à ce jeune homme heureux, qui tire au vol sans amorces.

C'est la loi, le jeune est le maître, et les vieux tels que nous le regardent, le laissent faire, en rêvant *le reste*. Et toujours ce reste, avec lequel nous sommes en reste... et de reste !

Hélas ! ce pauvre Adolphe Dumas... le voilà mort ! mort dans un petit village assez voisin de ces falaises ! mort *non décoré !* C'était pourtant son rêve, être aussi décoré qu'Offenbach et M. Bouchot, qui promène en ce moment un ruban tout battant neuf.

Tout le monde, ici, vous dit mille amitiés, mon cher ami.

A M. le prince A. Galitzin.

Passy, le 30 octobre 1861.

Vous avez donc reçu ma lettre, et vous avez lu *Rameau* sans trop d'épouvante ? En même temps, vous voulez que je l'envoie à M. de Falloux ? Ainsi fais-je... à vos risques et périls. S'il allait se fâcher! s'il n'acceptait pas cette grande préface au martyre de Louis XVI? Pourtant j'en aurai le cœur net; j'obéis à votre conseil, je vais écrire, et puis lancer *Rameau* au château de Segré.

Que vous êtes aimable et bon de me suivre en mes diverses évolutions, et que vous faites justice aussi en me tenant compte de mes peines à dire un peu les chagrins de mon âme à l'aspect de tant de servitudes volontaires! Je fais de mon mieux, mais c'est si peu, si peu!

Vous, cependant, vous payez royalement l'hospitalité du pays et duché de Touraine quand vous rendez à la douce lumière une si charmante églogue. En parlant d'un très-beau livre (imprimé chez votre ami L. Perrin), la *Vie de la reine Anne de Bretagne,* il m'a semblé que je pouvais citer une page de messire Thibault Lepleigney. J'ai fait ainsi, et mon humble chapitre en doit retirer un grand ornement.

Je suis avec toutes les déférences, cher prince, un homme qui vous est obéissant, reconnaissant et dévoué.

A M. Théophile Dufour, à Saint-Quentin.

Passy, 2 décembre 1861.

Vous êtes vraiment très-bon, cher Monsieur, d'adopter, pour me faire honneur, ce monstre en morale appelé *le Neveu de Rameau*, et j'admire en effet que ce soit vous qui me remerciiez, lorsqu'en échange de ce neveu abominable, vous nous donnez à aimer, à adopter la plus charmante de toutes les nièces. Qu'elle est aimable! Avec quelle bonne grâce elle est entrée en notre humble maison, illuminée soudain du frais rayonnement de sa jeunesse! A coup sûr, ma femme et moi, nous l'aimons fort, et quand elle est partie, il nous semblait qu'on nous enlevait le plus bel ornement de notre cabane. Ah! jeunesse! Et songer que nous en sommes si loin! que nous voilà exposés jusqu'à la fin à ces embûches des nerfs, des tendons, des névroses, des frissons et, qui pis est, des espérances renversées, des libertés perdues, et de la ruine de notre propre estime à l'aspect effrayant de tous ces mensonges qu'il nous faut entendre, et de toutes les hontes qu'il nous faut supporter! Voilà ma vraie et juste peine, et la goutte aurait bien à compter avec moi si elle était seule à me torturer.

Cependant je travaille et j'étudie ; il n'est pas de consolation meilleure et plus constante que l'étude et l'amour des belles-lettres ; l'oubli n'est pas loin, quand elles daignent vous sourire ; elles font mieux, elles vous relèvent à vos propres yeux, elles vous encouragent, et, bonnes mères, elles vous persuadent que vous n'êtes pas le complice des malheurs de votre époque. Et plus on arrive au maître jour, le juge et le témoin de tous les autres, plus on est content de rester ce qui s'appelle un honnête homme. Il n'y a pas de plus juste orgueil, pas de consolation meilleure, ajoutez, s'il vous plaît, les bonnes et loyales amitiés que l'on rencontre en son chemin, les nobles mains qui vous sont tendues, et, de si loin l'ami lecteur qui vous salue en disant : « Marche, on te suit ; parle, on t'écoute, on t'aime, on t'honore, on te connaît ! » Voilà la récompense, et je n'en sais pas de plus haute et de plus digne en effet de l'ambition d'un homme de cœur.

Peut-être aurez-vous quelque peine à déchiffrer ces hiéroglyphes de ma main peu légère : hélas ! en ce moment ma plume au bruit léger, la plume ailée, est absente ; ma chère confidente m'a laissé pour deux jours ; elle est à Evreux pour la fête de son père, et me voilà réduit à mes propres forces, et vous voilà réduit à ma propre écriture.

Nous espérons fort, cher Dufour de Louis-le-Grand et du Tréport, vous posséder quelques instants cet hiver même, et nous vous invitons de tout notre cœur. Nous invitons la mère et la fille, son image, et l'oncle et le père, à la condition qu'ils nous préviendront vingt-quatre heures à l'avance de leur arrivée. Ils trouveront grande lumière et grand feu, et de grands bras pour les embrasser.

Ceci dit, je vous salue. Avec mes meilleures déférences, agréez mes plus sincères amitiés.

A M. Aug. Dufour, à Saint-Quentin.

Passy, 1er janvier 1862.

La bonne année à la mère, à la fille, à l'oncle, au père, à l'aiguille, au piano, au livre, au fusil, au jardin, à la chanson, au flot qui gronde, à la maison du Tréport!

Voici mon épaisse image en échange de la vôtre. O dieux et déesses l'étions-nous jeunes, fringants, en épais cheveux noirs, sous le consulat de Plancus!

Ne pleurons pas, embrassons-nous... Ma femme est là qui vous dit à tous mille amitiés.

A M. P. Ménière, à Paris.

Passy, le 3 janvier 1862.

La sympathie est le lien des âmes! Il y a quinze jours que j'en tiens une de pneumonie carabinée! En ce moment, les nuits sont excellentes; le réveil est une horrible quinte, après quoi cela s'apaise, et je ne tousse plus que le soir, pendant quatre ou cinq minutes véritablement *pneumoniques*.

C'est pourquoi, mon cher ami, je suis bien malheureux de vous savoir avec la fièvre, avec la toux, « le plus horrible des dieux infernaux », disait Byron. Mais pourquoi la *fièvre*? Et le point de côté? *Omne tulit punctum* qui n'a point le point de côté? Un point!

Et cependant nous vous avions fait un petit dîner très-sain pour le samedi! Hier, lundi, vous étiez pareillement attendu par la poule au pot.

Je me suis consolé de mon mieux avec *Cicéron médecin*. Vous avez fait là un bien charmant livre, et tout d'abord il en faut louer l'ordre et l'arrangement : chaque œuvre à sa place, et la vie entière du maître orateur appelée en témoignage de ces pronostics. Malheureusement, par-ci par-là, vous êtes un peu sévère, oublieux, le *nunc temere est pronuntiandum!* Somme toute, il est très-curieux et très-amusant, ce livre-là.

Ma femme et moi nous sommes en peine de vous et demandons à vous revoir. Heureux le jour où les deux époumonnés se consoleront entre eux!

Votre ami.

À M. Aurélien Scholl, mon confrère!

Passy, le 24 janvier 1862.

IL faut que je vous remercie, et je ne sais guère comment vous dire à quel point je suis touché de vos bonnes paroles. Elles vont juste à toutes mes espérances, elles accomplissent tout mon rêve. En effet, tel est mon rêve : être enfin reconnu comme un vrai homme de lettres; laisser un exemple de l'indépendance et de la dignité des lettres; n'accepter aucune récompense qui ne me vienne des plumes que j'honore et que j'aime.

A vrai dire, il me semblait que ce bienfait ne pouvait me manquer au maître jour, qui est le jour de la mort; mais pensez donc si je suis fier de cet avancement d'hoirie, alors qu'il me vient spontanément des juges les plus autorisés et les plus jeunes.

Soyez donc le bien remercié pour votre part.

Enfant de la liberté de la presse, je l'entoure à plaisir de mes reconnaissantes espérances, de mon dévouement, de mon respect. Encore aujourd'hui, plus que jamais peut-être, elle est reine et maîtresse; on la tue, elle reparaît vivante; on la nie, elle a l'éclat du soleil.

Sachez aussi que je corrige avec un zèle tout paternel ce *Rameau* que j'ai suivi dans ses fautes et dans ses misères depuis tantôt trente années. Sitôt qu'il aura paru dans son nouveau format, j'aurai l'honneur de vous le porter moi-même avec mes plus sincères amitiés.

A M. L. Orfila.

Passy, 11 février 1862.

Mon cher ami,

Nous voilà cruellement frappés, et rien à dire. Il faut courber la tête. Hélas! la consolation m'a manqué de rendre à notre ami[1] les derniers devoirs. Ce rhume af-

1. Le docteur Ménière.

freux dont il s'inquiétait (sans songer à son propre accident) m'a tenu confiné au logis à l'heure où vous accomplissiez bravement cette tâche pieuse. Ah! que j'ai besoin de vous revoir et de vous dire à quel point je suis malheureux de lui, content de vous!

Ma femme, elle aussi, est bien affligée. Elle ira demain pour saluer Mme Orfila et pleurer avec elle.

Ayez grand soin de vous; mais, sitôt que vous serez bien portant, n'oubliez pas vos amis du chalet.

A M. Lachèse, à Angers.

Passy, le 11 février 1862.

Je suis encore à me demander si vraiment Ménière est mort. Suis-je assez le jouet d'un rêve affreux? Tant de santé, de vigilance et d'attention de soi-même, avec tant de dévouement, de zèle et d'amitié pour ses amis! Tout cela périt en vingt-quatre heures, et nous voilà privés de cette amitié charmante, de cette aimable consolation de tous les jours. Notre humble maison est vide à cette heure. Il l'aimait tant! il y venait avec tant de joie! Il était content de si peu! Ma chère femme en est effarée, et mes deux vieilles bonnes, dont il était le médecin, le pleurent. On en parle à toute heure. Il est le deuil du matin, du midi et du soir. De toutes parts je reçois des lettres, des visites, des compliments de condoléance au nom de Ménière! On savait si bien que lui et moi nous étions des frères !

Voilà désormais, mon cher ami, le cercle où nous tournerons vous et moi, nous brisant la tête contre cette muraille d'airain : *il est mort!*

Comme on venait de lui rendre les derniers devoirs, et que nous étions muets d'épouvante, est entré chez nous cet admirable M. de Falloux. Je ne saurais vous dire à *quel point* (grâce à vous) il a été charmant, et quelle part il a prise à la mort de son *compatriote*. Sans doute, il nous a trouvés dans un grand trouble ; il aura vu cependant combien nous étions touchés de sa visite, ma femme et moi.

Mon cher ami, nous venons de recevoir un avertissement terrible. Il faut désormais *serrer les rangs* et nous défendre à force de sympathie et d'amitié.

A M. A. Dufour, à Saint-Quentin.

Passy, le 5 mars 1862.

Cher camarade, aujourd'hui fête au châlet, en lisant votre aimable lettre. Avec ça que le lendemain de ces jours de fête et d'émeute on reçoit bien peu de lettres. Le bal suspend toute chose; à cette heure, il n'y a peut-être que ma femme et moi qui soyons éveillés, parlant de vous, à l'ouvrage, ayant bien dormi. Tout le reste a les yeux gonflés et se vautre en ce demi-sommeil qui remplace les grands plaisirs.

Donc le chalet va bien. On y plante, on y sème, on y fume, on y fait enfin toutes les folies qui se peuvent accomplir dans un jardin de onze cents mètres! Ce sera vraiment superbe et charmant pour peu que le demi-quart de ces plantations fantastiques montre un petit bout d'oreille et rie au nez du planteur. Ajoutons-y quelques vieux livres achetés aux belles ventes, chez M. de Labédoyère, et je vous réponds que ces conquêtes pacifiques représentent un grand plaisir.

Si seulement nous étions un peu librés, avec un peu de soleil! Mais la neige et les jeunes gens en prison à Mazas, parce qu'ils avaient poussé quelque plainte inutile! voilà ce qui gâte un peu le bonheur de vivre et de cultiver son jardin, son esprit, ses amis retrouvés.

Hélas! je viens d'en perdre un qui était la moitié de moi-même! Il avait pour moi les yeux d'un vrai père; il passait sa vie au coin de mon feu l'hiver, sous mon arbre en été, et si bien nous nous entendions l'un l'autre que nous restions des heures entières à ne rien nous dire. Il s'appelait le docteur Ménière. Il est mort en trois jours d'un rhume que nous avions pris ensemble, à la même heure et dans la même maison. Il était superbe à soixante ans, et je comptais bien qu'il m'aiderait à franchir le terrible passage. Et chaque jour, si l'on sonne à notre porte sur les six heures, il me semble que c'est Ménière au doux rire qui vient nous demander à dîner. Quel deuil à porter! Mais le travail est la consolation suprême; il est mieux que l'oubli, il est l'oubli, plus la reconnaissance.

Il me semblait cependant que vous m'aviez promis de venir tous en famille, au commencement de l'année, et qu'alors nous vous recevrions de notre mieux, votre aimable femme et votre charmante fille, avec le philosophe votre digne frère. Il était même question que nous vous mènerions en quelque bel endroit où l'on fait de la bonne musique... et de ces beaux projets, pas un mot! Que dis-je? Et vous avez manqué donner cette enfant charmante à quelque seigneur de la Provence ou du Vivarais, très-loin de vous! très-loin de nous! Que c'eût été dommage! Et comment donc, elle et vous, eussiez-vous pu supporter cet exil? C'est un exil! Algérie *plus* ou *moins*, c'est toujours l'Algérie et la déportation. Prenez-y garde! et songez que rien au monde ne comblera ce gouffre et ne peut calmer cette horrible peine.

On voudrait aussi (sans être un curieux impertinent) savoir si le Tréport de cette année amènera cette enfant, ces deux pères, sur les bords de cet océan Pacifique, et si les vieux du collège Louis-le-Grand, assis sur un banc ensoleillé, s'en donneront à cœur joie de se rappeler les tyrannies du tyran Charles X et du tyran Louis-Philippe, avec toutes les *misères* de ces trente années qui nous séparent de 1852. Ceci valait bien une mention, mon camarade.

Allez-y! Dites-moi l'heure et le jour; nous arriverons vingt-quatre heures, juste assez à temps pour vous embrasser sur la plage où tout arrive! Ah! que j'ai besoin de ces heures pacifiques, de ce *rien à faire* occupé de toutes les douces passions!

Ceci dit, ma femme et moi, nous vous disons à tous les quatre un tas de tendresses et d'amitiés.

Votre ami.

A M. Clément Janin, à Dijon.

Paris, 21 mars 1862.

Monsieur mon neveu,

Je vous salue et je vous recommande, en effet, de toutes mes forces, ma chère et bien charmante nièce, une enfant de ma prédilection. Elle est la première qui se soit offerte à ma vue, et je l'ai tout de suite adoptée. Elle est, sans contredit, le plus gentil produit de cette famille Janin, trop féconde et trop peu riche; elle est le seul remords de ma vie, et je suis triste en pensant que le malheur des révolutions et l'ingrate profession des lettres, mes rudes nourrices, ont fait de moi un oncle inutile. Avec un peu plus d'intrigue, un peu moins de fidélité, en renonçant à ce vain leurre appelé la liberté, j'aurais fait de mon prochain neveu un sénateur!

Soyez plus sage et plus prudent que votre oncle; ayez souci de votre fortune à venir. Les maisons pleines d'enfants sans avenir sont bien tristes. Certes je suis, grâce à ma chère et vaillante femme, un homme assez digne d'envie; eh bien, quand je songe à tant d'obstacles qu'un enfant doit franchir avant d'arriver à bien peu de chose, il me semble que je suis content de n'avoir pas d'enfants. C'est si grave, une famille à élever!

A Dieu ne plaise cependant que je vous attriste ou vous décourage, et que je ressemble à Gros-Jean lorsqu'il en remontre à son curé! Tant d'études que j'ai faites et que je fais encore, et tant de travaux sur le chantier, m'ont rendu défiant de moi-même et des autres. Pour moi, déjà vieux, le temps est sombre, et l'espérance est lointaine. Je me plaisais assez, je ne vous le cache pas, de savoir ma petite Camille affranchie du mariage, et je la voyais toujours à dix-huit ans. J'étais un égoïste! Elle est mariée, elle est contente, elle croit en vous, vous l'aimez, je vous pardonne d'être heureux.

Vous n'êtes pas bien loin de Paris; peut-être, avant peu, viendrez-vous nous embrasser dans notre cabane, au milieu de notre petit jardin. Ma chère nièce, à coup sûr, vous aura dit que tout l'ensemble est assez joli; elle peut ajouter que vous y serez les bienvenus.

Si vous rencontrez, à Dijon même, un mien camarade et mon plus vieil ami, M. Laplace, doyen de la Faculté de l'École de droit, présentez-lui ma nièce; il sera, j'en suis sûr, bien content de la voir.

Bonjour à vous deux! Il ne faudra pas bien du temps, monsieur mon neveu, pour que je vous sois un bon et fidèle ami.

A M. Edgar Quinet, à Veytaux.

Passy, le 15 mai 1862.

Il y a quinze jours, à propos de ces tristes *Volontaires de* 1814 qui ont retrouvé leur Waterloo à la Porte-Saint-Martin et qui sont morts au champ d'honneur sous les sifflets, j'avais parlé de ton livre[1] en très-bons termes. Et, le vengeur et l'historien, j'avais tout célébré, en digne écrivain, en fidèle ami, en sincère enthousiaste. Ils ont eu peur de ma diatribe, ils l'ont effacée! Et cette lacune, ils l'ont de leur mieux rafistolée, et sans m'en prévenir!

Voilà pourtant où nous sommes arrivés! Les meilleurs tremblent; les plus honnêtes, la plume en main, effacent les phrases courageuses. Certes, je me faisais un grand plaisir de t'envoyer ce bon souvenir d'une admiration ancienne et sincère. *Dis aliter visum.*

1. *Histoire de la campagne de* 1815 (1862).

Je cherche en vain qui me remplacera : ils subissent le même joug. Pourtant, le plus libre encore et celui qui passe à travers les obstacles a nom Prévost-Paradol. C'est un rare esprit, un vrai courage. Il parlait très-bien l'autre soir d'Edgar Quinet et me complimentait sur ma bonne volonté. Voilà ton homme. Il a le courage, il a le talent, il sait l'histoire, il apprécie à leur juste valeur messieurs les conquérants.

Mon souvenir ne t'a pas quitté depuis ton double exil. Ton *Marnix* et ton *Waterloo* sont des chefs-d'œuvre. Entre ici, tu verras tes livres reliés par un maître et brillants de leur splendeur sur un rayon à part de ma bibliothèque. Au même instant Victor Hugo se montre ; il remplit le monde à cette heure, et c'est la voix que le monde écoute. Il envahit l'espace et l'attention ; il se place au devant de tous les soleils des Tuileries. Quel brigand ! quel ventre à terre ! Il les écrase. Il y avait, avant *les Misérables*, une trompette ayant nom *Trombolonnot*. *Les Misérables* ont imposé silence au *Trombolonnot*.

Il est vrai que je suis encore une espèce d'écrivain de feuilleton publiant parfois de petites œuvres. *Horace* hier, ce matin *le Neveu de Rameau*. Ça se dit assez dans un petit cercle, mais on n'en dit rien dans la *Revue*, et ceux qui ne lisent que la *Revue* ignorent ces infiniment petites choses. Ma foi, tu es bien bon de t'en occuper. Je les écris, et puis tout est dit. Quand c'est publié, je recommence. Ici-bas, tout n'est que commencement.

Puis je vieillis, je deviens énorme, et je me traîne en rêvant aux beaux jours d'autrefois, quand nous étions libres et légers. C'est si loin de moi, cela! Quant à en revoir même une ombre, il faudrait que cette ombre en péril traversât six cent mille hommes et vingt mille canons rayés! N'y pensons pas, n'y pensons plus. Soumettons-nous! Du moins ai-je une espérance, ce seront de belles funérailles, une bonne renommée, et peut-être une douzaine de pages qui surnageront. C'était bien la peine de naître!

Heureusement qu'ils ne sauraient arrêter le mois de mai, et que le rossignol chante librement aux dernières branches d'un vieil orme ornement de mon petit jardin de Passy.

C'est de là que je t'écris et que je t'envoie, avec tous mes souvenirs, mes meilleures et mes plus sincères amitiés.

A M. Ad. Lachèse, à Angers.

Passy, le 10 juin 1862.

Mon cher ami,

Je suis bien triste aussi et bien inconsolable. Il me semble en ce moment que notre deuil est d'hier. Voici les journées, voici les heures charmantes où nous le voyions accourir. Il était si content, si vivant, si charmé! Il nous disait ses succès et ses espérances, sa fortune et son travail!

Vous, cependant, à ces tristesses vous en ajoutez d'autres non moins cruelles! Vous êtes inquiet, à bon droit, de votre excellent père, et vous vous hâtez de mettre à profit ses bons et loyaux souvenirs. Je l'ai bien retrouvé tout entier dans les soins dont il entoure un condamné à mort, un vrai héros, et je restai tout charmé de ce pansement *in extremis!* Vous êtes tous de braves gens, avec des cœurs tendres et dévoués; vous êtes hospitaliers et bienveillants : voilà pourquoi je vous aime, et de quoi je vous honore. Entre vous et moi, désormais, cet intermédiaire est un lien que rien ne pourrait rompre. Il y faut ajouter les grâces dont votre excellent père m'a comblé!

Que de choses depuis ce voyage! On était dans

l'attente... on ne s'attendait guère aux misères, aux hontes, aux lâchetés dont nous voilà les victimes! Nous déclamions (ingrats!) contre l'excès de la liberté... Elle est toute perdue! il n'y en a plus que pour les bandits!

Votre père était alors bien vivant, et riait que c'était une bénédiction! Ménière aussi! Maintenant c'est à nous de disparaître, et à céder la place. Heureux encore quand on laisse après soi une fille, un fils, une bru, et tant de petits-enfants qui vous pleurent, et tant d'amis qui prolongent en leurs discours votre aimable et bonne renommée!... On n'est pas à plaindre absolument.

Allons, bon courage! Une âme forte et bien forte!

Ici, la maîtresse du logis vous dit bonjour. Je vous serre la main de tout mon cœur.

A M. Aug. Dufour, à Saint-Quentin.

Passy, le 23 juin 1852.

Donc, le 14 août, pour échapper à la fête de monsieur notre seigneur, en toute hâte, nous revenons à ce doux Tréport du repos, de l'amitié, des contentements pacifiques.

Certes, nous espérons vous revoir tous les quatre, et votre aimable femme, et sa charmante fille, et le frère honnête homme et doux rêveur. Vous êtes pour beaucoup dans nos prochaines espérances, et, vous ayant trouvés et retrouvés, nous ne serons pas si malavisés que de vous perdre. Allons! le premier venu viendra au devant du moins heureux.....celui qui arrivera le dernier.

J'achève en ce moment un petit *Traité de l'Estampille* à mettre en tête d'un livre intitulé : *Contes non estampillés*. J'ai fait cela de mon mieux, et vous verrez si j'y ai mis toutes les herbes de la logique... et de la Saint-Jean!

Ne décommandez pas à votre artiste cette copie de J. J. Rousseau! J'en connais la gravure, et c'est une belle chose à placer dans mon humble musée, au nom ami qui me prend par mon faible. « Latour nous a montré le J. J. Rousseau des dimanches », disait Diderot; mon ami Dufour me donnera le J. J. Rousseau de tous les jours. Je vous dis à l'avance un grand merci.

A M. Aug. Dufour, à Saint-Quentin.

Tréport, 2 septembre 1862.

Chers amis,

Je ne suis pas très-mauvais, mais décidément vous valez mieux que moi. Il y a huit jours que nous sommes au Tréport et que nous aurions dû vous écrire; mais dans quel état je suis arrivé! L'échine et, qui est pis, la tête de M. de Talleyrand, me voilà tout craché. Ce n'est pas moi qui vous enverrais mon portrait à cette heure; et quelle image à échanger contre la tête aimable et pensive du philosophe Théophile! Il souffre, on le voit bien ; mais il souffre avec courage et résignation, comme un sage, sans regret du passé, indulgent pour le temps présent, se fiant à l'avenir. Douce image!

Un goutteux plié en deux par le mal, qui ricane en criant la vieille faribole : « Douleur, tu n'es qu'un nom! » n'oserait pas envoyer sa triste image en échange de cette patience et de cette résignation.

Donc nous voilà deux écloppés, votre frère et moi, ayant pour nous garder, Dieu soit loué! tant de jeunesse et de courage, et des âmes attentives qui nous plaignent, de tendres cœurs qui nous aiment.

Nous avions fait, nous aussi, des projets charmants; et quelle fête de revoir Mme Dufour et sa fille Marie, et de l'entendre! Heureusement que l'automne approche, et que votre ingénieuse amitié nous saura dédommager de ces doux moments qui nous sont enlevés.

Sitôt que la goutte aura quitté mes genoux endoloris, nous quitterons le Tréport, et nous reviendrons en toute hâte à nos vieux livres, à notre abri :

> Goutteux, goutteux, voulez-vous voyager?
> Que ce soit aux rives prochaines...

Il y avait « amants, heureux amants », dans la chanson que nous chantions, ami, il n'y a guère moins de quarante ans, dans la petite cour du collége Louis-le-Grand. Mais quoi! le courage et l'amitié viennent en aide à bien des maux.

Je vous salue et je vous embrasse, et ma femme envoie à Mme Dufour et à la chère Marie un millier de tendresses, en son nom et au nom du vieux lutteur qui n'a pas encore suspendu le disque et le ceste aux autels de Neptune, le dieu des mers.

A M. Camille Doucet.

Passy, 29 septembre 1862.

Cher maître,

EST-CE, en effet, que vous ne pourriez pas venir en aide à cette dame américaine, Mme Blunt?

Elle implore un coin d'entr'acte au Théâtre-Français!

Elle dit que si elle peut se faire entendre, elle est sauvée!

Or, l'infortunée! on l'avait adressée au guet-apens des Champs-Élysées, sous la loi de la comtesse de Chabrillan!

Il y a comme cela des heures où je porte envie aux puissances d'ici-bas.

Votre obéissant et tout dévoué.

A M. Émile Fage, à Tulle.

Passy, 9 octobre 1862.

J'AI déjà lu, Monsieur, ces aimables pages, très-ingénieuses, d'une critique indulgente et de la meilleure compagnie[1]. Elles me sont arrivées hier; votre lettre

---

1. Sur les *Jeudis de Mme Charbonneau*.

arrive aujourd'hui comme une confirmation de vos déférences pour un bel esprit qui se trompe, et qui bien vite est revenu au respect de la profession.

Soyons des premiers, les uns et les autres, à honorer l'art de bien dire et de bien faire ; et si, par malheur, quelqu'un des nôtres insulte à l'art même qu'il exerce, ayons soin de jeter sur sa faute un pan de notre manteau, gardant le reste du manteau pour nos jours de défaillance !

Et vous avez eu raison, même en lui donnant tort pour cette fois, de bien parler de M. de Pontmartin : son mérite et son talent, tout ce qu'il a fait, tout ce qu'il doit faire encore, plaident en sa faveur. C'est un grand esprit, mieux encore, un homme d'honneur, grand ennemi des forces injustes, grand partisan des libertés que nous avons perdues, opposé à toutes les usurpations de toute espèce. Les lettres françaises feraient une grande perte en perdant M. de Pontmartin.

Encore une fois, vous êtes dans les bons sentiers ; vous y marchez d'un pas léger, et votre parole a l'accent vrai.

Soyez le bien remercié pour votre sympathie, et comptez sur toutes les déférences de votre *ancien.*

A M. Aug. Dufour, à Saint-Quentin.

Passy, le 7 novembre 1862.

Une! et deux! trois bonnes nouvelles! Soyez remercié trois fois et même davantage. A la fin donc votre aimable frère est soulagé! il respire! il est vivant! Résurrection! C'est un beau miracle! Et moi aussi me voilà debout, après six semaines de torture. On s'appellerait Cartouche, on ne souffrirait pas davantage, et je peux, grâce à la goutte, parler savamment de la torture par les brodequins.

Deuxième nouvelle! Arrivée à Paris. Mieux cette fois. — 1° Vous nous préviendrez à l'avance! et 2° vous nous donnerez tout un jour, et 3° vous ne partirez pas avant d'avoir mené la jeune et grande cantatrice à l'Opéra-Comique, à l'Opéra! Notez bien toutes ces instructions! Et que vous trouverez le chalet et le vin frais, et que vous serez les bienvenus *tous les quatre!*

Nous avons déjà fait accorder le piano pour la *villanelle* et pour *ma* chanson à Despréaux!

Troisième bonheur : le portrait de notre père Jean-Jacques! et je suis bien sûr que l'image en sera très-irréprochable.

On met en vente, à ce propos, une lettre de J. J. Rousseau, dans laquelle il complimente Latour, son digne peintre, justement de ce portrait dont vous me destinez si gentiment une copie. Or vous pensez bien que je me suis inquiété de cette lettre de J. J. Rousseau parlant de Latour, et qu'elle sera mienne, à moins que le feu des enchères ne soit trop flambant et flamboyant pour un simple homme de lettres, le courtisan des choses tombées, le flatteur des rois morts ou détrônés. Toujours aurons-nous pied ou patte de cette lettre à son portrait par J. J. Rousseau.

Votre fille est bien charmante de savoir qu'il existe ici-bas des *Contes non estampillés*, et que nous lui savons bon gré, ma femme et moi, de les vouloir!... On va les mettre à la poste en votre nom, mais ils sont pour elle. Et dites-lui bien qu'elle en remportera, de Paris même, une bourrée, et que je réclame l'honneur de lui donner son livre de mariage, à l'heure où il faudra que vous la donniez à quelqu'un de nos enfants... destinés, je l'espère, à donner une meilleure progéniture que n'ont fait messieurs leurs papas.

Ma femme et moi, nous vous attendons, nous vous espérons, nous vous appelons!...

Nous vous embrassons tous.

A M. Lachèse, à Angers.

Passy, le 13 novembre 1862.

Vous dites bien, mon cher ami, l'année est mauvaise, elle est pleine d'un deuil immense, et je comprends toutes vos angoisses. Jamais ni vous ni moi ne nous consolerons de Ménière, enlevé si vite et si cruellement à l'amitié la plus dévouée et la plus tendre. Il n'est pas de jour, il n'est pas d'heure où ce cher souvenir ne me vienne en pensée ; et, surtout à l'heure où chaque jour il pouvait venir, si quelqu'un frappe à ma porte : « Ah ! me dis-je, si c'était Ménière ! » A tel point ce regret m'obsède que j'ai voulu parler de Ménière à plusieurs reprises ; chaque fois ma main s'est arrêtée, et le sanglot m'est venu à la gorge. Il faudra bien cependant que je rende à sa pure mémoire le tribut mérité. Son livre est là, son charmant livre[1], qui n'a peut-être eu que deux lecteurs. Il le faisait avec tant de joie ! Il y mettait ses plus doux loisirs. Le livre est mort avec le chantre. O vanité du travail littéraire !

Et songer que notre ami, à peine expiré, est remplacé par sa bête noire, un certain misérable

---

1. *Cicéron médecin.*

qui toute sa vie a marché dans ses sentiers! C'est M. Louis Bonaparte lui-même qui a donné ce triste successeur à notre ami Ménière! Il est écrit : *Qui est mort a tort.*

Vous, cependant, vous voilà frappé de nouveau dans la personne d'un neveu qui vous était cher. Vous voilà portant un second deuil sur le premier. Vous voilà plein des inquiétudes les plus cruelles, et peut-être sans rémission! Toute amitié est impuissante à consoler de pareilles douleurs. Seule une âme forte y peut suffire, et ce n'est pas moi qui tenterai de vous consoler. Pourtant vous avez autour de vous des consolations suprêmes, des affections charmantes : voilà bien des fêtes qui vous restent au milieu de vos désolations. Puis le devoir, le travail, la femme vaillante à vos côtés, l'orgueil de votre père et sa tendresse; toute une ville qui vous honore; enfin le sentiment de l'immortalité et des amis que nous irons rejoindre à notre tour : voilà de quoi soutenir nos pas qui chancellent, éclairer nos ténèbres et raffermir notre cœur.

Je vous dis mille amitiés, et je suis bien sincèrement votre ami.

A M. Aug. Dufour, à Saint-Quentin.

Passy, le 21 novembre 1862.

Il est arrivé à bon port, en bel état, tout brillant de la grâce et de la fraîcheur d'un pastel de Latour, le fier Jean-Jacques; je l'ai reconnu tout de suite à ce front plein de rêves, à ces yeux pétillants de génie! En même temps j'ai reconnu la main de l'ami qui me l'envoie : on n'est pas plus habile à deviner une passion.

Pensez donc si la fête était grande au chalet, à recevoir ce nouvel hôte! On lui a trouvé, non sans peine, une belle place, et, pour lui faire honneur, on a délogé sans façon le maître et fondateur de céans! Jean-Jacques, à cette heure, est réuni à l'une de ses plus brillantes sœurs, Mme de Pompadour elle-même [1]. Ils se sont reconnus sans trop de vergogne :

« Ah! ma sœur, que vous étiez une grande coquine!

— Ah! mon frère, étiez-vous assez triste, assez

[1]. Jules Janin possédait un beau portrait de Mme de Pompadour en déesse, par Latour, don de Janvier, l'horloger de Louis XVI. C'est ce portrait, connu, authentique, qu'un savant expert, comme ils le sont presque tous, a catalogué, lors de la vente de J. Janin, avec cette indication : « Attribué à Natier. »

morose et mal élevé! Mais enfin, que Latour, notre père commun, nous réconcilie, et désormais vivons en paix. »

Et les voilà qui se tutoient des yeux! Cependant notre joie est diminuée en pensant que vous ne venez pas encore. Il était convenu que vous arriviez, que nous vous attendions, que nous vous possédions... et pas un mot de ces grands projets! Rien n'est complet sous le soleil, et quel chapitre à l'infini, le chapitre des *desiderata !*

Nous espérons encore, et quelque beau jour nous recevrons la belle annonce, vingt-quatre heures à l'avance : « Attendez-nous, nous arrivons ! »

Rude est le froid, triste est la bise; il n'y a plus une feuille au jardin ! C'est bien l'heure et le bon moment de se voir et de s'aimer !

Ma femme et moi, nous vous disons, à vous quatre, un tas de reconnaissance et d'amitié !

A M. Ad. Lachèse, à Angers.

Passy, le 26 novembre 1862.

Vous faites bien, mon cher ami, de m'écrire. Il me semble entendre un doux écho de l'ami qui n'est plus. Que je le regrette! Il manque au charme des instants de ma vie! Ah! les jours sombres, pleins de neige et de pluie! Au dehors les frimas, la goutte au dedans! C'est alors qu'il arrivait avec sa figure aimable et ce sérieux où se lisaient tant de choses! Il savait tout ce qu'il faut savoir quand on va chez un homme accablé de littérature et de travail. C'étaient des histoires! c'étaient des rires! ou bien de longs silences... Mais, silencieux, je savais qu'il était près de moi, et qu'il ne s'en irait pas avant dix heures du soir. Voici tantôt trois mois que je suis un homme impotent. Les pieds, les reins, les genoux, tout me manque; aujourd'hui ceci, demain cela. Je ne sais plus à qui raconter ma peine! Il n'est plus là pour m'encourager, me récréer, se moquer de mes petits maux, et me fermer les yeux quand il faudra quitter ce bas monde où je n'étais pas seul, où je vivais d'étude et d'amitié!

Quoi donc! le quitter sans avoir vu la fin de tout ceci! Rentrer dans le silence universel avant la résurrection de la libre parole! Hélas! la triste aventure! une âme plus forte que la mienne y succomberait. C'était le seul chagrin que m'eût donné notre ami Ménière. Il acceptait trop volontiers la force injuste; il était du côté des choses accomplies; il saluait Antoine et César des mêmes vœux! César l'a remplacé par un Cotin qui était la bête noire de notre ami Ménière. On eût cherché dans toute la nature un chagrin plus grave à sa mémoire, on ne l'eût pas trouvé! C'est bien fait, ça t'apprendra, Ménière, à crier : *Vive César!*

Je ne suis pas si facile au pardon que vous l'êtes, et je ne pardonnerai guère à M. B..., votre indigne envoyé, de n'avoir point déposé chez moi votre lettre et le journal qui l'accompagnait. C'est un devoir rigoureux entre honnêtes gens. L'an passé, certain licencié ès lettres retournait à Lyon. Il me demande une lettre pour Joséphin Soulary le poëte, et je la lui confie avec un charmant exemplaire de mon petit *Horace* en papier de Hollande. Eh bien! le cuistre, en chemin, ouvre le paquet, et avec ses doigts, il déchire, il déchiquette les feuillets de ce livre qui lui était confié. Le brigand a porté mon petit *Horace* ainsi massacré à son adresse, et même il eût demandé quelque chose pour sa peine d'avoir *coupé* ces innocents feuillets!

Pensez donc si j'étais enragé de la déloyauté, du mépris, de la violence et de l'affront que contenaient les tristes procédés de ce triste monsieur! Si j'avais eu dix ans de moins, je partais pour lui en demander satisfaction l'épée à la main! Mais je le tiens! et je cherche une occasion de le lacérer à mon tour! Ne parlons plus de votre ami B... : c'est un cuistre! Apporter une lettre, et la remporter pour la jeter au rebut!

Je suis bien affligé de votre père allant, d'un pas si ferme encore, où nous allons tous; grand vieillard, sage et bon, dont j'ai été l'hôte et le tyran pendant trois jours. Comme on riait encore, et comme on se prélassait dans la belle maison qu'il avait bâtie! et comme on se doutait peu que l'on avait suivi Napoléon III!

Je vous salue et je vous dis mille amitiés de tout mon cœur.

A M. l'abbé Lamazou, à Paris.

Passy, le 10 janvier 1863.

HEUREUX crime! On vous a volé, monsieur l'abbé, deux lignes d'une assez laide écriture, et vous me faites l'honneur d'une belle page, assaisonnée à l'athénienne! Ainsi j'ai des actions de grâces à rendre à cet honnête voleur.

Revoici mon humble et très-impuissant *satisfecit* pour cette innocente lady Macbeth, cette naïve Marie Stuart[1] Elle n'a pas trouvé dans

---

1. Mme Blunt, « une dame américaine que ses malheurs ont obligée à chercher une position dans le théâtre ».

tout ce Paris du brigandage un sénateur qui la protége, un sénéchal qui lui ait tendu la main. La maladroite ! Elle vient d'un pays ravagé par la guerre civile, et elle s'adresse aux vaincus ! aux délaissés ! aux déclassés ! aux idiots qui ne savent guère comment se fabrique une cantate ! Enfin, chose étrange, elle n'a trouvé pour la protéger qu'un prêtre catholique, un évêque protestant, un journaliste enfoui dans les abîmes de 1852 ! — *De profundis !*

Les uns et les autres, dans les murs, hors des murs, celui qui parle du haut de la chaire et celui qui se tait dans le journal, autant de Saxons chez les Normands de Guillaume le Bâtard !

Durum ! Sed levius fit patientia
Quidquid corrigere est nefas[1].

Aussi vrai que Mgr l'évêque de Nancy sera tantôt votre archevêque,

Aussi vrai que je suis, Monsieur et très-honoré confrère (*in partibus fidelium*),

Votre obéissant et tout dévoué serviteur.

1. Hor., *Od.*, I, xxiv, 20.

Au prince A. Galitzin.

Passy, 10 janvier 1863.

Cher seigneur,

J'AI reçu — de votre part sans doute — un livre étrange et curieux, *la Russie au XVIIIe siècle*, et, l'ayant lu d'un bout à l'autre avec le zèle d'un antiquaire, j'ai prié un mien ami, que je ne flatte guère, d'écrire à ce propos pour l'*Indépendance belge* un long chapitre. Il l'a fait; la chose est partie hier, et nous avons des chances pour que ce nouvel *et cætera* paraisse avant la fin de la semaine. On ne sait plus lire aujourd'hui, et nos précieux critiques pensent avoir beaucoup fait lorsqu'ils ont accordé quelques paroles négligentes et négligées au plus honnête, au plus savant travail. Écrivez donc pour ces tristes récompenses! soyez payés en monnaie de singe de vos labeurs!

Je vous salue, et je vous prie en grâce de me mettre aux pieds de M. de Falloux! Je serai beaucoup mieux là que sur le giron du dictateur.

Votre obéissant et tout dévoué confrère.

A M. Ad. Lachèse, à Angers.

Passy, 25 janvier 1863.

Je viens de lire avec une émotion sincère et profonde ces belles pages si touchantes. J'ai retrouvé l'ami que nous avons perdu. Voilà bien sa grâce et son esprit! Voilà son image et son regard... *Sic oculos... sic ora ferebat.*

Je vous remercie, et je vous dis, en toute sincérité, que pas un n'était plus digne, en effet, de prononcer cette louange suprême. Hélas! moi qui vous parle, un vieux roué de la plume, un vieil écrivain rompu à toutes les difficultés, je n'ai pas encore osé prononcer ce nom triste et charmant. Le premier mort, je le loue; à celui-là je ne sais que pleurer.

Vous avez raison, je l'attends! A l'heure où chaque jour il arrivait avec un encouragement, une grâce, un sourire, il me semble au premier bruit de la porte... « Ah! disons-nous, ma femme et moi... Ménière! » En mettant le couvert, notre vieille Julie appelle aussi M. Ménière!... Et penser qu'il est mort d'un rhume! « On ne meurt que de bêtise », disait-il. Il ne croyait pas si bien dire. Ah! moi qui comptais si bien que sa main clémente me fermerait les yeux!

Voilà pourtant dans quel état vous m'avez mis : je pleure, au moment où le soleil entre ici par ses plus doux rayons...

Je suis bien tout à vous, de tout mon cœur.

A M. Ad. Lachèse, à Angers.

Passy, le 17 mars 1863.

Mon cher ami,

Hélas! trois fois hélas! Je n'étais pas même invité à cette fête en l'honneur de votre excellent David!

Certes, il l'a bien méritée : il était un maître, un esprit ferme, une volonté! Il signait David d'*Angers* avec le juste orgueil d'un grand artiste honneur de sa ville natale. Il est mort! et le voilà qui reparaît parmi les siens!

Plus jeune et plus invité, je me serais fait un devoir de me donner la fête et le plaisir de vous embrasser en saluant sa statue! Un ami vivant, c'est si doux! L'ami qui n'est plus, c'est si triste! Eh! comment donc pouvez-vous croire un seul instant que j'avais oublié l'hospitalité Lachèse?

Il faudrait, N. de D.! que je fusse bien ingrat. (Ce N. de D. est en souvenir de votre aimable père et d'un vieux vin dont nous avons tant abusé, John Lemoinne, Ménière et moi!).

Heureusement, je n'ai pas tout perdu à cette non-invitation : j'y gagne une bonne lettre de mon ami Lachèse et de belles invitations de M. le comte de Falloux. J'en suis touché plus que je ne saurais dire, et je viens d'écrire au bourg d'Iré, de ma plus belle écriture, un grand remercîment.

Je me rappelle à tous vos bons souvenirs, et je suis, mon cher ami, tout à vous.

A M. Aug. Dufour, à Saint-Quentin.

31 mars 1863.

Mon cher ami,

JE vous écris moitié triste et moitié joyeux. Je crains bien que, sage et prudent comme je le suis, on ne m'ait entraîné en quelque tarte narbonnaise (*sic*). Ils m'ont tant hurlé, crié, prêché l'Académie! Eh bien! voici déjà *vingt* (20) visites que j'ai faites. Ah! quelle honte! A quelle extrémité peut-on réduire un honnête homme! On arrive et l'on récite en fausset :

> ... J'ai nom Éliacin.

On s'explique, on se démontre soi-même, et l'on sort de céans la rougeur au front!

On me promet quinze voix... j'en aurai huit, et tout sera dit : n-i ni, c'est fini. Hélas! je jure bien que je ne recommencerai pas. Quelle vie! Enfin j'en suis tout troublé.

Heureusement que le printemps arrive et que tout va pousser : ça console de tout.

Ma femme et moi nous rappelons au bon souvenir de Mme Dufour et des deux frères.

Et je suis bien sincèrement votre ami.

Au prince A. Galitzin.

Passy, le 31 mars 1863.

Cher prince, et grand ami de vos confrères
les écrivains français,

Vous avez eu la bonté de me faire tenir les méditations de Mme Swetchine, de la part de M. le comte de Falloux, voilà donc trois motifs sérieux pour que je sois content.

Mais mon âme est triste en ce moment; j'ai grand'peur d'avoir attenté moi-même à la considération que je mérite, et je mourrais de honte si mon imprudence aboutissait à des refus, je dis certains refus qui me perceraient le cœur :

> *Virtus, repulsæ nescia sordidæ,*
> *Intaminatis fulget honoribus* [1].

C'est mon poëte Horace qui l'a dit. Longtemps j'ai suivi son conseil : il était le meilleur du monde, il me laissait libre et vivant de ma propre vie. Aujourd'hui, par une démarche insensée, me voilà tombé dans les abîmes. *De profundis* je vous écris.

Une fraction de l'Académie française a voulu que je devinsse enfin, à mon âge, un *candidat*. J'ai résisté, je me suis débattu, j'ai prié et supplié..., puis tout d'un coup j'ai *posé* ma candidature, et j'ai fait *des visites !*

Ah! cher maître, à quelles hontes un malheureux se condamne en acceptant cette horrible tâche! Aller, venir, prier, revenir, réciter son propre commentaire, et chercher son arrêt dans ces yeux vagues, ternes, implacables! Se demander, en sortant de là, si l'on est bien le même homme que l'on était chez soi, tout à l'heure, en

---

1. Hor., *Od.*, III, II, 17.

son logis, au milieu de ses livres, de ses amis, de son cher entourage, écouté, applaudi, prié, et ne refusant personne! Allons, c'est fait, il n'y a plus à reculer. J'ai vu les ducs! j'ai vu aussi quelques professeurs! Je ne dois plus songer qu'à me tirer d'affaire avec peu de honte, et je jure ici mes grands dieux, quoi qu'il arrive, qu'on ne m'y reprendra pas.

Jugez cependant de mon étonnement quand je me suis aperçu 1° que j'étais un suspect aux yeux de la majorité, et qu'elle me regardait comme une façon de sénateur;

2° Que des hommes qui m'avaient engagé à plusieurs reprises; que mon ancien camarade, un collaborateur de trente-cinq ans, M. Saint-Marc-Girardin...; que M. Guizot, que dis-je? et peut-être M. de Rémusat, voteraient contre moi!

Quoi donc! mon humble courage de 1848, ma fidélité à toutes les libertés que nous pleurons, quarante ans de travail, une réserve, une prudence, et tant d'envie aussi de manifester ma haine de la force injuste, aboutissent à l'oubli, presque au mépris de cette ingrate majorité!

C'est la vérité toute crue. Il me reste (espérance unique) à demander quelque assistance aux honnêtes et justes esprits de cette majorité même. Il faut (c'est *leur devoir*) qu'après s'être bien comptés et bien assurés que leurs projets n'en seront pas compromis, que deux ou trois voix me soient données afin que je me tire avec honneur de ce pas difficile.

Alors j'ai compté, cher prince, que vous me seriez un avocat près de l'homme admirable qui vous écoute. Il est vôtre! il est juste! il comprendra ma peine! il amortira ma chute! A lui et à vous je serai éternellement reconnaissant.

A M. N. Martin.

Gaillon, 9 juillet 1863.

Vous devez bien vous douter, mon cher poëte, que je ne suis pas à Paris, et que c'est bien loin du chalet de Passy que j'ai lu votre belle épître. Elle est vraiment *horacienne*, et notre poëte a ceci de rare et de charmant qu'il porte honneur et bonheur à ceux qui s'en occupent. Quels beaux vers il inspirait à M. Hugo dans *les Contemplations*, et comme il vous convient à vous-même! Il y a dans votre épître quantité de vers charmants :

Zénon était trop haut, et trop bas Épicure.

En ce moment je prépare une troisième édition;

j'aurai l'honneur de vous l'offrir en votre qualité d'ami d'*Horace*; et, quand je ferai relier un exemplaire de ce nouveau livre, j'y veux joindre, avec grand souci et grand respect, cette épître excellente en l'honneur d'un païen, où se retrouvent les rares et charmantes qualités du *Presbytère*.

Avant qu'il soit peu de jours je rentre en mon chalet de Passy; mais, vous voyant inquiet de mon silence, je n'ai pas voulu attendre plus longtemps pour vous dire à quel point j'aime et j'honore votre talent et votre esprit.

Je suis tout à vous de tout mon cœur.

A M. Ad. Lachèse, à Angers.

Passy, 5 août 1863.

Vous êtes bien un véritable ami de me raconter comme vous faites les drames de votre vie intime, et j'admire à part moi comment vous faites pour suffire à tant d'émotions.

C'est qu'en vous l'honnête homme est doublé du père de famille, et vous puisez dans ce grand titre une énergie incomparable. Au contraire, ici, dans le chalet, vous ne verriez qu'un malade inerte, un goutteux courbé sous le mal, et pas d'autre intérêt ici-bas, et pas de plus grande curiosité qu'une douzaine de vieux livres qui tombent de vieillesse. O vaillant esprit! tout vous intéresse, et vous charme, et vous trouble; un cri d'enfant vous met aux champs... vous êtes dans le ciel pour un sourire, et aux abîmes pour une coqueluche. Et vous faites bien; vous êtes dans le vrai. Ne me parlez pas de ces vieux de mon espèce: ils dorment; ils seraient morts s'ils n'étaient en proie à la douleur.

Or voici tantôt deux mois que je suis cloué dans mon fauteuil, et je demande encore aujourd'hui quand donc je pourrai marcher comme un invalide. Une béquille! il y a des moments où je l'accepterais. Donc, pardonnez-moi si je n'ai point répondu tout de suite aux bonnes nouvelles que vous me donniez de votre heureux fils, agrandi, complété, glorifié par ce nouveau petit venu, votre joie et votre inquiétude, et croyez-moi toujours, mon cher maître, un de vos amis sincères et dévoués.

A M. F. Ponsard, au Tréport.

Passy, 1ᵉʳ mars 1864.

Mon cher camarade et mon cher ami,

Je suis diablement content de te savoir claquemuré dans ta maison du bout du monde, au *polus nescio* du grand Océan! Ça te fait une heureuse occasion de lire un gros tome que voici! Et si, par bonheur, ma bonne amie Mme Ponsard était en train de faire une lecture... épaisse, eh bien! voilà ce qui lui fera le plus grand bien du monde... Ah! mon cher ami, si tu savais que je suis malheureux, honteux de moi-même, impotent, passant de l'abîme au ciel, de tout à rien! Quel métier! Mais enfin dans six semaines tout sera dit... N-i-ni, ce sera fini!

Nous te disons, ma femme et moi, mille amitiés, et tout autant pour ta bonne et courageuse femme du bon Dieu! Je t'écris en toute hâte, afin que ma lettre et mon livre aillent ensemble en ces lieux que l'hiver habite entre *Eurus* et *Notus!* Que le ciel vous accorde enfin, ô chers exilés! un ciel plus clément!

Votre ami tout dévoué.

Au prince A. Galitzin.

Passy, le 9 mars 1864.

Donc, mon prince, il est convenu que vous vous oubliez vous-même, et que vous imposez silence à vos regrets pour venir en aide à un digne écrivain de votre adoption.

Je ne vous dirai pas quelle joie et quel orgueil, ce matin, en lisant ce petit bout d'une lettre adorable ! Ah ! pardonnez-moi de ne pas l'avoir brûlée ! On vous le dirait, vous ne le croiriez pas. Le bon génie de la dame de céans, ma consolation dans ces rudes épreuves, a voulu garder le billet ; mais rassurez-vous, elle est très-fidèle, elle est très-discrète et très-honnête homme ; on peut se fier à sa parole. Enfin, je n'ai pas eu le courage de m'opposer à sa volonté.

J'avais et d'autant plus une vive reconnaissance qu'en ce moment, à la même heure, une lettre de M. de Montalembert me rejetait aux abîmes. Vous savez sa bonne grâce à ma première candidature, et comment il vint chez moi avec de si bonnes et consolantes paroles... Eh bien, cette fois il m'écrit :

« Vous me feriez grand tort si vous supposiez

que j'ai pu oublier vos bons et courageux articles de 1848 et 49; ils sont restés dans ma mémoire à côté de ceux que vous avez consacrés à Mme Swetchine, qui m'ont si profondément touché... »

Et plus loin :

« Je ne puis que vous féliciter de n'avoir jamais écrit une seule ligne destinée à flatter la force et le succès, — jamais démenti les sentiments que vous avez professés, dans des jours plus heureux, pour d'augustes et innocents exilés... »

Ceci est écrit, mot pour mot! Certes, venant d'un pareil homme, un pareil éloge allait droit à mon cœur. Mais la conclusion! la conclusion de tout ceci :

« Vous comprendrez, j'en suis sûr, que mes amis et moi nous ne pouvons abandonner aujourd'hui la candidature de M. Autran, que nous avons mise en avant il y a deux ans... »

Ainsi le premier venu à cette immense tâche, et le plus méritant, le voilà renvoyé à la mort de M. Dupin! — pour emprunter la consolation que M. Thiers m'envoyait il y a huit jours.

Je suis resté atterré des conclusions de M. de Montalembert. Est-ce possible, est-ce vrai?

Tenir si peu de compte du même homme à qui l'on accorde un telle louange!... Soyez donc fidèle, honnête et laborieux pendant quarante ans, pour que M. Thiers et M. de Montalembert se réunissent dans cette commune dénégation!

Lisez cependant, cher seigneur, les passages du feuilleton, retrouvé par grand hasard, que je faisais lire à M. de Montalembert (c'était justement sous le ministère de M. de Falloux), et voyez comment ce *suspect* parlait du souverain pontife à la face de Ledru-Rollin.

Si M. de Montalembert eût été juste, avant de se décider entre moi et M. Autran, il eût demandé au poëte quelle preuve d'énergie et d'indignation il avait donnée aux heures difficiles :

> Vous chantiez! j'en suis fort aise;
> Eh bien! dansez maintenant.

Pardonnez-moi, je m'emporte... Hélas! c'est si triste, en effet, de rencontrer si peu de justice!... Et puis, ces messieurs me disent : « Attendez encore, un jour viendra... Recommencez! » Juste Ciel! recommencer! rentrer dans ce dédale abominable! Il faut que la route ait été bien facile à ces messieurs pour qu'ils me donnent un pareil conseil!

Heureusement j'ai rencontré les plus rares et les plus charmantes sympathies! M. Guizot, qui d'abord ne voulait point de moi, s'est ému à mon aspect; M. de Barante et M. de Ségur m'ont écrit les plus aimables paroles! J'ai de grands avocats, j'espère! Et si votre illustre et admirable ami, qui m'a vu d'un coup d'œil, me protége en effet... je suis content quoi qu'il arrive, et ma défaite égalera bien des victoires!

Je vous salue et je vous aime de tout mon cœur.

La lettre au jeune abbé Janin m'échappe; elle a fait le tour du monde. Mais est-ce à moi à m'en vanter?

A M. et à Mme F. Ponsard, au Tréport.

Passy, le 20 mars 1864.

Chers amis,

Nous vous écrivons sous la tonnelle même où bientôt vous serez les bienvenus, sous un toit de houblon et de chèvrefeuille. Il n'y a rien de plus charmant que cette belle lettre, abondante en amitié, en bonne grâce, que nous écrit Votre Poésie, et Dieu sait si nous en avons été contents!

Notre joie est grande aussi de vous savoir l'un et l'autre heureux à si peu de frais, et profitant de ces tempêtes comme on ferait d'une rosée printanière. Ah! que vous serez donc les bienrevenus de cet exil volontaire, et comme on attend impatiemment la nouvelle comédie et le nouveau drame!

Au reste, le Tréport tout entier se souviendra de votre passage intrépide, à l'heure où les matelots eux-mêmes osent à peine contempler le vaste Océan. De notre côté, pour signaler dignement votre heureux séjour dans ces contrées battues des vents, nous faisons graver sur un marbre noir, en lettres d'or, pour le poser sur la muraille de votre habitation, ce joli quatrain :

> Ici Ponsard, collaborant
> Avec un complice charmant,
> A mis au jour, très-lestement,
> Une belle œuvre, un bel enfant.

Voilà ce qui s'appelle une œuvre académique, et nous imaginons que l'Académie en serait toute charmée.

Il nous semble, en ce moment, que nous faisons certains progrès sur lesquels nous ne comptions pas; mais qui sait? Nous marchons sur un sol si mouvant, si changeant!

Chers amis, recevez nos meilleurs compliments, avec nos vœux les plus sincères pour le double succès que nous espérons. Nous vous aimons et nous vous embrassons de tout notre cœur.

ADÈLE et J. JANIN.

P. S. Il est très-vrai que Ricourt est marié aux autels, et même à la municipalité!

A M. F. Ponsard.

Passy, 5 avril 1864.

Mon cher ami,

Hora *est!* Voici l'heure! On se toise, on se compte. Autran d'ici! J. J. de là! Doucet au milieu! Je n'y comprends rien. Tel qui m'avait *apporté* sa voix (M. Thiers et M. Feuillet) m'a dit *Raca* et *Vade retro, Satanas!* Tel autre, un ennemi de tous les temps (M. Mérimée et M. de Carné), vote pour moi. M. Guizot m'adopte énergiquement. MM. de Broglie arrivent à nous *pede libero;* MM. Pongerville et Patin, *pede claudo,* c'est-à-dire au second tour. Bref, quatorze Autran, treize J. J., le reste à Camille Doucet, qui s'est retiré un instant. Qu'un seul me manque, et me voilà Gros Jean comme devant jusqu'à la fin de mes jours.

Deux ou trois, touchés soudain de mes vertus, et se souvenant que je suis peut-être un assez digne écrivain, mettront un terme à ce jeu de coups d'épingle où je suis le *patito* depuis dix mois.

Une belle dame à qui l'on ne peut rien refuser, Mme de Rothschild (mon avocate auprès des plus féroces messieurs de l'Académie), te prie d'accepter cette *double passe;* elle dit qu'elle te remerciera à la première occasion.

Le chalet, qui portait assez patiemment ces tumultes, a perdu tout à fait son calme habituel depuis que l'heure approche. Il est vraiment temps d'en finir ! Voilà ce que j'ai répondu à M. Thiers, qui me proposait un compromis par lequel moi, lui donnant *de quoi que j'ai*, et lui me donnant *de quoi qu'il a*, nous passerions, M. Autran et moi, le même jour !

Rompons, rompons tout pacte avec les poëtes manqués ! les vrais poëtes me resteront.

Je prie en grâce la belle et bonne Mme Ponsard de me pardonner cette interruption à ton travail, ce voyage intempestif, l'isolement qu'elle va subir ; mais tant je l'aime, et si fort je lui suis dévoué, que j'ai compté sur son indulgence. Au chalet, tout l'appelle ! Et ma femme (un peu nerveuse pour la première fois) l'embrasse de tout son cœur.

Si tu veux dîner avec nous quand tu seras à Paris..., nous ne quitterons pas la maison.

Ton ami.

A M. Clément Janin, à Dijon.

Passy, 16 avril 1864.

Il y avait une fois un officier général que l'on cassait devant ses soldats. « Holà! de quoi pleures-tu? disait l'homme à son fils. On me casse, il est vrai; mais rassure-toi, les morceaux en sont bons. »

. Mon cher neveu, telle est mon histoire, et vous me voyez tout consolé; ajoutez très-reconnaissant de votre aimable souvenir, et vous envoyant à tous les deux nos plus sincères amitiés.

A M. Prisse, à Versailles.

Passy, 31 avril 1864.

Cher maître! refuge aimable des pécheurs! consolation des affligés! nous vous avons bien reconnu à vos bonnes paroles, à vos bonnes grâces, et votre aimable lettre ira rejoindre avec honneur une demi-douzaine de lettres, pas davantage, que nous a values ce petit combat à boules de neige dans le sein de l'Académie. Heureusement que je ne me suis pas senti blessé, mais grandement étonné, je dois en convenir.

Le chalet, cependant, est resté dans son calme habituel; le rossignol chante et les roses vont fleurir. Ah! si je n'avais pas la goutte en ce moment, que je serais donc un homme heureux!

Je vous salue en vous priant d'agréer toutes les amitiés de la femme et du mari.

A M. Ad. Lachèse, à Angers.

Château des Rotoirs, 16 juillet 1864.

Mon cher ami,

VOILA encore un coup bien funèbre[1]. Hélas! que notre ami Ménière eût été malheureux s'il eût assisté à cette longue agonie! Elle a duré six semaines. Pendant six semaines cette infortunée a lutté contre une mort sans rémission. Je me rappellerai jusqu'à la fin de mes jours ses tendres adieux et le feu mouillé de ces grands yeux pleins de larmes, dans lesquels elle appelait toute son âme. A peine expirée, elle avait retrouvé toute la sérénité de son doux visage; on voyait qu'elle était morte en bénissant.

1. La mort de Mme Orfila.

Ses obsèques ont été pleines d'un deuil sincère et d'une tristesse pleine de gravité. La peine au fond de tous les cœurs, des larmes dans tous les yeux! Voilà désormais un salon fermé qui contenait tant d'heures clémentes, tant d'amitiés dévouées! Vous n'êtes pas un des moins frappés; mais qu'y faire? Attendre et se résigner.

Il y a tantôt six semaines j'ai reçu de M. le comte de Falloux une très-aimable visite. Il était charmé, disait-il, de certain article de la *Revue de Paris*, à propos du R. P. Lacordaire et de Mme Svetchine. On n'eût jamais dit que ce même homme qui me témoignait tant de reconnaissance et presque d'admiration était un de ceux qui me ferment l'Académie. Ah! que j'aurais voulu voir votre aimable femme en ce moment!

Ma femme et moi nous vous serrons la main de tout notre cœur.

———

A M. Camille Doucet, à Paris.

Aux Rotoirs, 15 juillet 1864.

Mon cher camarade et mon cher ami,

Vous êtes vraiment très-bon et très-bienveillant; je vous en remercie, et voilà bien longtemps déjà que je veux vous écrire, une fois pour toutes. Je n'ai pas ignoré vos démarches auprès de plusieurs parmi vos confrères. M. Guizot me les a fait dire, et Saint-Marc-Girardin me les a racontées. Voilà de ces preuves qu'une âme honnête ne saurait oublier.

Cette nouvelle misère que vous soulagez à ma prière était digne en effet de votre intérêt. Ces pauvres vieilles sont encore trop heureuses de trouver un de leurs contemporains qui leur vienne en aide et protection. Nous ne savons pas l'adresse exacte de Mlle Charton. Elle habite un grenier de Belleville, mais le numéro nous échappe. Notre fidèle Julie, qui le sait très-bien, est à Trouville, dans sa famille. A son retour, peut-être elle nous dira cette adresse, si d'ici là vous ne l'avez pas retrouvée.

Encore une fois, croyez je vous prie, à ma reconnaissante amitié.

A M. Aug. Dufour, à Saint-Quentin.

Tréport, le 30 août 1864.

Chers amis,

Nous revoilà sur ces mêmes bords de l'Océan où je vous ai retrouvés. La plage est la même, et le même ciel brillant; mais je ne vois plus les deux frères, l'aimable femme, et je n'entends plus l'*enfant* qui nous chantait si bien ces heureuses mélodies :

> Mon cœur, vous soupirez au nom de l'infidèle!

Que c'est ennuyeux de vieillir, que c'est bête! Il n'y a pas encore trois ans que les petits enfants venus au monde à l'ombre heureuse du château d'Eu criaient à mon passage : *Vive le Roi!* Je leur jetais des gros sous à l'ancienne marque... Ils crient aujourd'hui : *Vive l'Empereur!* Je ne leur donne plus rien, et je regrette avec un gros soupir ma misérable économie.

Enfin, voilà déjà la fin de la belle année ; avant peu les frimas, demain le collier de misère et le cercle à reparcourir.

J'ai pourtant acheté une petite maison vis-à-vis du chalet, et je pourrai vous loger quand vous viendrez à Paris pour contempler monsieur votre petit-fils! Mon Dieu, qu'Horace avait raison quand il disait si bien :

> Oublieux du tombeau, tu bâtis des maisons!

Ma chère femme est là qui se hâte pour écrire sous ma dictée. Elle se rappelle à vos chers souvenirs. Nous vous embrassons de tout notre cœur.

A M. Diodore Rahoult, à Grenoble.

Passy, 30 décembre 1864.

Vous êtes, Monsieur, un véritable artiste, un inventeur. J'aurais dit cela beaucoup mieux si j'avais eu l'espace et le loisir; mais votre digne associé M. Dardelet m'a remis ce beau livre le jeudi soir, et j'écrivais l'article le vendredi.

On a beaucoup admiré chez moi cette suite ingénieuse et piquante de compositions si diverses, et plus d'un *Romain*[1] s'est souvenu de vos peintures, dont il célébrait la composition et la belle couleur.

Ce qui fait que j'ai grande envie de vous proposer un marché de dupe, et je serai le mauvais garçon. Si vous pouviez échanger un petit morceau de peinture, un dessin, quelque chose enfin signé de vous, contre un bel exemplaire de la troisième édition d'*Horace*, tiré sur papier vélin, et relié par un maître, je ne vous cache pas que l'échange me rendrait bien content.

Rappelez-moi, je vous prie, au souvenir de M. Dardelet, qui, lui aussi, a bien du talent, et faites-moi l'honneur de me mettre au rang de vos amis.

---

1. Allusion à M. Moore, qui avait connu M. Rahoult à Rome.

A M. Aug. Dufour, à Saint-Quentin.

1865.

Ami Dufour-Coup-de-Fusil,

Nous vous avons reconnu à vos magnificences, et comme en ce moment nous sommes retenu par les deux genoux et les deux pieds sur un fauteuil rembourré d'épines, Dieu sait les soupirs pleins d'envie !

Ah ! disons-nous, quel grand espace il a dû parcourir, — le champ de blé, le colza, la haie et le buisson, pendant que nous nous traînons à peine sur un mètre de tapis représentant une rose ! Ah ! que Jupiter ait tout fait pour l'un, si peu pour l'autre, et que, partis du même collége, celui-ci arpente par minute un arpent de terre, et que l'autre ait grand'peine à mesurer son fossé ! Il n'a fallu rien moins que l'aspect de ce lièvre, escorté de ces quatre perdreaux, pour calmer un peu notre envie, assez voisine de la haine, et, les ayant mangés bel et bien, voyez, cher ami (quel caractère admirable !), nous vous pardonnons d'être un homme heureux, leste et bien portant, heureux même en gendre !

En même temps nous nous rappelons au souvenir de tous les vôtres, de la jeune grand'mère et de la jeune mère, et du philosophe, et, sachant que vous vous portez bien, nous vous serrons la main de tout notre cœur.

A M. Eugène Lambert, président de chambre à la Cour de Rennes.

Passy, 28 mars 1865.

Monsieur,

Je suis bien touché de l'honneur que vous me faites. J'ai lu tout de suite, avec le plus vif intérêt, votre introduction aux *Poésies posthumes* d'Évariste Boulay-Paty, et j'y ai retrouvé tout le poëte heureux, triste, et chantant et pleurant tour à tour. Il avait eu l'honneur d'être un ami de Mme Svetchine; elle en parle à plusieurs reprises dans ses lettres; on voit qu'elle aime et comprend l'intime émotion, la couleur cachée et la croyance hésitante.

En toute hâte lisant, grâce à vos bontés, ce recueil suprême, j'ai voulu voir s'il contenait la belle pièce d'Évariste Boulay-Paty à Mme Svetchine. Elle s'y trouvait trop louée, et avait exigé la suppression de cette pièce, et je vois avec peine que le poëte ait été beaucoup trop obéissant.

Certes, je parlerais bien volontiers de ces *novissima verba* d'un si vrai et charmant poëte; mais nous obéissons à une véritable hiérarchie, et la discipline exige que mon cher confrère M. Cuvillier-Fleury soit averti le premier de ce nouveau livre. Il en parlera dignement : il aime, il honore le talent et le bel esprit. Moi, de mon côté, je trouverai bien le moyen de signaler ces chères paroles.

Agréez, etc.

A M. Diodore Rahoult, peintre, à Grenoble.

Passy, 15 mai 1865.

IL est arrivé tout galant, tout paré, rare et charmant, le beau jeune homme[1]! Il est de bonne race et fils de bonne mère ; et que vous avez bien fait de le signer, cher maître : on l'eût pris pour un fils de Meissonier ! Le père Moore est enchanté, ma femme est ravie, et notre exposition ne désemplit pas. J'en suis tout ensemble heureux et honteux. Soyez cepen-

1. *Le Petit Chasseur,* une composition offerte à J. Janin en échange d'un riche exemplaire de son *Horace.*

dant le bien glorifié et le bien remercié. Vous avez dépassé toutes mes espérances. Je vous demandais un petit dessin, vous me faites un chef-d'œuvre. Ah! quel malheur que mon fils du *Petit-Bonheur*, mon petit Tréjean, ne soit pas à la grande exposition! Plusieurs m'ont dit que vos deux tableaux avaient été remarqués; moi, le goutteux, je n'ai pas encore fait ma visite à mes amis des Champs-Élysées, mais j'irai bientôt, quand les chiens nos voisins auront cessé leurs hurlements.

Nous espérions fort que vous viendriez vous-même, et Dieu sait si vous seriez le bienvenu!

Quant à moi, je vous prie en grâce de vous rappeler que les deux ou trois relieurs de Paris sont des lambins, des capricieux, des vaniteux, des inspirés! Ils travaillent à leurs heures; ils ont peur de maculer le papier nouveau. Bref, il faut les attendre, et voilà pourquoi vous ne recevrez pas avant *deux mois* d'ici mon *Horace*... Oui, mais il sera digne d'un si bon peintre et d'un si bel envoi!

Je vous dis mille amitiés.

Au prince Galitzin.

Passy, le 16 mai 1863.

Pensez donc, cher seigneur, si j'ai manqué contre la destinée en arrivant juste au moment où vous sortiez du chalet de Passy ! Je courais, je courais, portant mes hommages et mes vanités. L'horrible tâche et que je suis malheureux !

Voici donc ce qui s'est passé entre les arbitres de mes nouveaux destins :

M. Autran, qui avait eu, l'an passé, tout ce qu'il pouvait avoir, a perdu quelques voix dans la bagarre. Alors M. Thiers et M. Guizot se sont entendus sur leurs protégés respectifs. M. Guizot, qui me protége, au fond ne tient guère à moi ; M. Thiers, qui a voté contre moi... je lui suis très-sympathique. Ils ont arrêté ce qui suit : « Moi, Thiers, je voterai pour J. J.-Ampère. — Moi, Guizot, pour Autran-de Vigny. » C'était convenu. Mais (nouvel incident) trois jours après surgit M. Cuvillier-Fleury, qui me prend naturellement M. Guizot. Je m'incline. Oui, mais un *tolle* général ! De vraies clameurs dans le camp d'Agramant. Si bien que nouvelle débâcle ! Alors j'ai vu M. Thiers, il était revenu à J. J. J'ai vu cet admirable et charmant Berryer, il m'a reçu comme un des siens...

Aujourd'hui même, sur le conseil de M. de Sacy (qui me reste avec Saint-Marc-Girardin), j'ai écrit à M. Villemain que je me présentais entre les deux fauteuils. Je n'aurai ni l'un ni l'autre; et, ma foi, ça sera bien fait! Qu'allais-tu chercher dans cette galère, animal!

> Voilà, belle Émilie, à quel point nous en sommes...

Au néant! à l'impossible! à l'absurde! à l'hébétement! Nommez Bonaparte, et que ce soit fini!

Je vous salue, et je vous prie en grâce de me pardonner ce que je vous écris là.

Votre attristé, exécuté, ahuri.

A M. Gustave Révilliod, à Genève.

Passy, 25 décembre 1865.

Mon cher ami,

Je viens encore de recevoir un bon témoignage de votre aimable et constante amitié. Vous avez un rayon à part dans ma bibliothèque, et bien souvent j'admire un zèle que rien ne lasse, une ardeur que rien n'arrête. Ah! que c'est beau d'être un citoyen purement et simplement, sans autre ambition que de rechercher les titres de sa république, et sans autre récompense que de les lui rendre expliqués, commentés, glorifiés! Ainsi, vous laisserez une trace ineffaçable dans l'histoire de votre Genève bien-aimée, et, votre tâche accomplie, il y aura pour vous bien de l'honneur.

Recevez donc mes félicitations tout ensemble avec mes meilleures actions de grâces.

Ma chère femme, ici présente, et qui tient la plume, se joint à moi pour que nous vous envoyions nos amitiés les plus sincères et les plus dévouées.

A Madame Mennessier-Nodier.

Passy, le 15 mai 1866.

CERTES, je suis très-malheureux et bien maladroit de déplaire à l'une des femmes dont j'ai gardé le plus honorable et le plus cher souvenir, à la fille de Nodier, à l'aimable et très-grande artiste, honneur de notre monde lettré. Je vous vois encore à dix-huit ans! J'entends encore à mon oreille charmée ces beaux airs que vous composiez sur les chefs-d'œuvre naissants. O belles heures si loin de nous! charme envolé! regrets superflus!

Mais cette histoire qui vous fâche, hélas! je l'ai copiée, et mot à mot, dans les mémoires que M#me# Victor Hugo écrivait il y a deux ans, dans les *Mémoires* de sa jeunesse. Elle est là tout entière ; et si j'avais pensé que tout cela eût été fiction, je ne serais pas tombé dans la faute de M#me# Hugo elle-même.

Voici donc ma première excuse, et la seconde est toute remplie de mes louanges, de mon admiration, de mon respect pour le cher maître et doux compagnon de notre heureuse et libre jeunesse. Il me semble, au nom de Nodier, que nos belles années vont reparaître, et si quelque injuste esprit l'accuse, ô dieux et déesses de la vingtième année! à coup sûr ce quelqu'un-là n'est pas de notre génération.

J'écris à l'instant même au rédacteur du *Grand Journal*, et le vais gourmander de la belle sorte. Il est animé des meilleurs sentiments, mais c'est jeune encore, oublieux, fantaisiste... Il vous obéira, soyez-en sûre.

Ma chère femme est ici, dans le jardin, et se rappelle à vos bons souvenirs.

Pardonnez-moi, et croyez, je vous prie, au dévouement, aux respects, aux repentirs de votre ami.

A M. le conseiller Charles Desmazes.

27 juin 1866.

Cher monsieur,

J'AI lu d'un bout à l'autre, avec pitié, avec terreur, ce livre formidable, ému, curieux, des *Supplices*[1], semblable au fameux traité de Pignorius, *De Servio*. Mais que j'ai donc regretté de n'avoir pas mis sous vos yeux un livre abominable, *ornement* de ma bibliothèque, dans lequel sont contenues, représentées *ad vivum*, toutes les façons de tuer un homme, et par le fer, et par le feu, par toutes les géhennes, à cordes et crocs; grands hommes et martyrs!

Je l'ai moi-même intitulé : *Les Supplices* : on eût dit que je prévoyais. Avant peu de temps, un mien confrère qui n'a rien à me refuser, un certain Éraste (de l'*Indépendance* belge), écrira quatre ou cinq colonnes tirées de ce livre de fer.

Laissez-moi cependant vous bien remercier de votre bonne grâce à citer les belles lignes de

---

[1]. *Les Pénalités anciennes, supplices et prisons*, par Charles Desmazes. — Plon, éditeur (1866).

M. Monteil parlant de son ami J. J., qui l'entourait de tant de louanges et de respects.

Et daignez agréer les meilleures déférences de votre obéissant et tout dévoué serviteur.

A M. Clément Janin.

Passy, le 5 juillet 1866.

Mon cher neveu,

Vous m'avez adressé une aimable lettre, et si je réponds un peu tard, c'est que je prépare en ce moment *ma saison d'été,* pour parler comme les magasins de la ville de Paris. Nous partons pour la Normandie; et cependant laissez-moi vous dire à quel point je suis touché de vous voir suivre avec tant d'intérêt mes petites publications. J'écris de mon mieux; mais, sitôt que mon livre a vu le jour, bonsoir à la compagnie! et je le traite en fils adultérin, je n'y pense plus.

Un de mes étonnements, c'est que vous ayez découvert *l'Amour des livres.* Comment donc avez-vous fait (je le dis à ma honte) pour obtenir ce bluet, dont pas un exemplaire ne restait chez le libraire à quatre heures de relevée? En même temps je découvre que vous êtes un bibliophile, un des nôtres, un de ces *bons à rien* qui perdent leur vie à ramasser des feuilles errantes. Prenez-y garde! Il n'est pas de plus sûr moyen d'aller à l'hôpital. Tout à l'heure encore un commissaire-priseur de la dernière vente vient de m'enlever le peu d'argent qui me restait pour mes menus plaisirs.

Je suis content que M. Noël marche à grands pas dans les sentiers de la vie. Il y trouvera, le malheureux, bien des obstacles; mais enfin, avec un peu de chance, on arrive à bien mourir. Voilà désormais toute mon ambition. Je suis sûr, grâce à Dieu, de laisser une bonne renommée, et pour la continuer une vaillante femme! Et Dieu sait si je fais des vœux pour qu'elle soit une providence à tant d'enfants de cette innombrable famille que ma sœur augmente chaque jour avec un épouvantable acharnement. Que d'enfants! que d'enfants! que de pauvres diables! Hier encore on accomplissait un mariage, un fécond mariage. O saint Malthus!

Heureusement que je ne verrai pas les arrivants, plus nombreux que les sables de la mer. Noël et sa sœur, en voilà assez. Veillez-y, ô sage et prudent bibliophile! On aurait de si beaux livres avec les catéchismes, les grammaires et les rudiments de ces mangeurs de tartines en résiné!

Sur quoi *je nous* rappelle à vos bons souvenirs, vous embrassant de tout cœur.

Votre ami bien vieux, brisé, cassé, vermoulu.

A M. Gustave Cahen, à Saint-Étienne.

Passy, le 9 juillet 1866.

CERTES, Monsieur, ma peine est grande, et vous me voyez tout chagrin de ce *défaut*. Mais qui donc eût pensé que ces trois cents exemplaires seraient enlevés comme un pamphlet venu de Claremont[1]? Je n'ai sauvé de cette émeute que l'exemplaire au nom de ma chère femme, et, quand j'envoyai pour en acheter une douzaine, le libraire se mit à rire. O rire honorable et disgracieux!

J'ai retrouvé deux *épreuves*. Voulez-vous me permettre de vous envoyer ce fragment? C'est plein de fautes : voilà pourquoi j'espère un bon accueil du bibliophile Cahen. Vous portez, Monsieur, le nom d'un homme admirable, le vrai traducteur de la Bible, un savant non récompensé. Je l'aimais et je l'honorais de tout mon cœur.

---

1. Il s'agit de *l'Amour des livres*.

En même temps je suis touché plus que je ne saurais dire d'une si belle lettre, datée de mon pays natal. Depuis tantôt quarante ans que je prends tant de peines pour ces Athéniens du Forez, votre lettre est la première qui me soit venue à ce point remplie de bonnes paroles... Il est vrai que vous n'êtes pas de Saint-Étienne!

Agréez, si elles vous plaisent, mes meilleures salutations.

A Madame Mennessier-Nodier.

Mercredi, 11 juillet 1866.

Vous êtes bien la fille de votre père, avec un brin de plus de malice! Il cachait la sienne, et, Dieu soit loué! vous montrez la vôtre. Quelle aimable lettre! Elle nous est venue chercher dans votre Normandie, et nous vous avons reconnue à tant d'aimables choses.

M. le président maire d'Évreux, le maître de céans, vous a demandée à Bernay le jour de l'inauguration du chemin. Il eût été bien heureux de vous saluer au nom de toute la famille.

O *vieille* femme de tant d'attraits pourvue! un

jeune homme appelé Jules Janin vous embrasse, et sa brave femme en fait autant.

Vos deux amis,
Adèle et Jules Janin.

A Madame Mennessier-Nodier.

Passy, jeudi 1867.

Nous vous saluons et nous vous embrassons. Vous écrivez aussi bien que votre père, et, si vous perdez ces yeux qui brillaient de tant de flammes, rassurez-vous, votre âme y voit.

Rien de meilleur que ce projet du prochain été, de se voir quelque peu à son aise, au beau milieu des champs normands. Pont-Audemer n'est pas loin d'Évreux, Évreux est tout près de Gaillon. Dans l'un et dans l'autre endroit nous vous pouvons offrir une chambre à discrétion. Alors, quelles belles causeries! Mais nous en causerons en temps et lieu.

Vos deux bons et fidèles amis du chalet de Passy,
Adèle et Jules Janin.

A M. Aug. Dufour, à Saint-Quentin.

Passy, lundi (1867).

Vos amis du chalet sont bien contents de vos souvenirs. Comme on sait que vous nous lisez là-bas, nous ne répondons pas à toutes vos lettres, mais nous en sommes bien touchés.

De notre côté, nous avons lu les belles pages de Théophile, et nous l'avons reconnu à son accent viril. C'était un sage, un grand écrivain, et nous le revoyons souvent disant adieu aux malheureux exilés de 1851. S'il eût vécu, et plût au Ciel! son peuple entier l'eût rendu aux affaires publiques. Il avait un si profond sentiment de la dignité française!

Enfin, Dieu l'a voulu. Il vous a accablés, pauvres amis! de toutes les façons. Mais voici que tout renaît dans cette aimable enfant dont vous nous envoyez l'image, et tous ces malheurs si terribles finiront dans un sourire d'espérance et de consolation.

Père, mère, enfant, gendre, acceptez nos vœux les plus sincères, nos amitiés les plus dévouées.

ADÈLE et JULES JANIN.

A M. le rédacteur en chef du FIGARO.

Les Rotoirs, 28 août 1867.

Monsieur mon confrère,

Assez d'ambages! trop de précautions! *L'habitant de la rue...* de Vaugirard s'est reconnu dans la lettre posthume de Mlle Mars. Certes, il eût mieux aimé répondre à une vivante, et se trouve assez gêné de traverser trois cercueils pour arriver à deux enfants qui ne savent pas ce qu'ils font.

Dans la première lettre, en lisant ces grossièretés contre l'éminent écrivain qui lui avait fait l'inestimable présent du rôle de Mlle de Belle-Isle, j'espérais que la lettre n'était pas de Mlle Mars. On ne retrouvait ni l'accent ni le calme habituel de sa belle parole. A la deuxième lettre, à la troisième, et rencontrant ces injures à mon adresse, il a bien fallu rendre les armes à Mlle Mars. Elle était charmante en toute chose; mais, sitôt qu'une gloire nouvelle, un succès inattendu se mettait au devant de son soleil, elle ne se contenait plus: elle accusait, elle déclamait, elle s'irritait. Ces injures violentes à l'habitant de la rue de Vaugirard ont été, sans doute, écrites aux souvenirs récents de l'avénement de Mlle Rachel, des débuts de Mlle Plessy (*la poupée!*), de l'apparition de Mme Dorval dans *Lucrèce*, et (que sait-on?) de cette innocente Rose Chéri dans *Clarisse Harlowe*, où Mlle Mars avait échoué il y avait déjà si longtemps. *Manet alta mente repostum.*

Je ne me sens pas blessé de son injustice. Il faut la plaindre; elle souffrait tous les supplices à mesure que l'âge avançait. Malheur à l'écrivain qui célébrait la matinée. Il devenait, à l'instant même, la bête noire de ce bel astre à son couchant.

Comme il est heureux cependant que je puisse à toute heure répondre à toutes ces questions!

« Où donc étiez-vous, Monsieur, il y a vingt-sept ans, à pareil jour?

— J'étais chez moi, sans doute, au travail.

— Que disiez-vous de Mlle Mars à pareille heure?

— Ouvrez le feuilleton du *Journal des Débats*, vous le verrez. Pour aller plus vite, interrogez les six tomes de la *Littérature dramatique*. Le tome II appartient surtout à Mlle Mars. Vivante, on ne peut trop l'admirer; morte, on ne saurait trop la pleurer. A chaque page, en ce gros livre, on rencontre une réponse aux mauvais propos de Mlle Mars. »

Mais vous-même, mon cher confrère, je vous en fais juge. Avez-vous cru, là, vraiment, un seul mot de ces violences, et connaissez-vous un homme indifférent plus que moi à la question d'argent? L'un des vôtres, M. Jules Claretie, affirmait naguère que *je n'avais jamais compté l'humble salaire que m'apportent mes éditeurs*. Le jour de mon grand procès (car tous les vingt ans ce procès se plaide et se gagne), au commencement des plaidoiries, Hetzel, le grand éditeur, dans sa justice, écrivait à M. le président : « On accuse Janin d'être intéressé... Il m'a renvoyé la moitié de ses honoraires pour un chapitre que je lui avais demandé. »

Et vous-même, cher confrère, à votre souvenance... Mais c'est une histoire que vous avez racontée à tout le monde et que je n'ai dite à personne... Un jour ou l'autre, vous retrouverez ce récit très-bien fait, que vous avez publié dans l'un de vos journaux.

Toujours est-il que, pendant que tout homme ici-bas se repose enfin, la tâche accomplie, sans crainte que l'on revienne, après quarante ans, l'avocat sur ses plaidoiries, le capitaine sur ses batailles, la coquette sur ses amours, il faut que l'écrivain, au premier ordre, arrive et s'explique. « Allons, pas de repos! Répondez à ces lettres mortuaires! expliquez-vous sur ces *Mémoires d'outre-tombe!* Et l'écrivain ne peut qu'obéir, s'il tient à sa seule récompense : l'estime publique. »

J'ai interrompu, pour vous écrire, un nouveau livre intitulé : *Grandeurs et misères de l'écrivain*. Avec votre permission, j'y retourne. Hélas! je n'ai jamais été plus rempli de mon sujet !

Votre obéissant et tout dévoué.

A Madame la comtesse de Gasparin, au Rivage.

Les Rotoirs, 2 octobre 1867.

OH! que vous faites bien de m'envoyer ces belles choses! Je comptais peu sur ce tome écrit d'un ton si discordant avec tout l'entourage, encore avais-je un certain espoir qu'il trouverait quatre ou cinq lecteurs à Paris. Le César a dit son *nescio vos*, et il n'a pas dépassé la frontière! Alors, pas un bruit, pas un écho, rien. J'attendais innocemment que mon rêve eût vu le jour. C'est donc vous qui venez la première et la seule, à travers les glaciers qui vous entourent, m'apporter la bonne nouvelle! Soyez bénie!

Il est vrai que vous n'avez pas reçu du ciel le feu d'une grande âme pour ne pas vous en servir.

Nous sommes ici (au sommet d'un mont splendide!) depuis tantôt six semaines. Je suis seul, ou peu s'en faut, et je rêve à toutes sortes de compositions qui s'en vont presque aussitôt de mon cerveau lassé. Ma chère femme, avec son infatigable bonté, ne se lasse pas plus d'écrire que moi de rêver. Nous avons obtenu un petit conte assez étrange que j'ai résolu de dédier à ma puritaine, et je me suis efforcé, pour que mon récit ne fût pas indigne de vous être offert, de faire de ma Nérine une femme de votre croyance. Ah! que je suis loin de l'idéal! Quelle infidèle copie, et comme vous allez sourire en vous retrouvant dans cette esquisse où tout manque, esprit, éloquence et sympathie. On dirait d'une belle personne que Titien n'eût pas désavouée, reproduite à la détrempe par un barbouilleur de village. C'est dommage. On ferait une belle création avec le modèle, si rare et si charmant, que je porte en la chambre obscure de mon cerveau. C'est ma faute aussi, je n'ai pas lu *le Livre*[1] que m'a donné ma puritaine. En vain il m'a suivi; il est là sur ma

---

1. La Sainte Écriture. (*Note de Madame de Gasparin.*)

table, *Horace* y est aussi, et soudain j'y retombe. Il a tant de charmes et tant d'autorité sur mes vieilles passions rechignées qui grondent encore et persistent dans le lointain! Cependant je veux m'y mettre et comprendre enfin le grand secret du *Livre;* il a fait un grand miracle en vous faisant.

Demain (déjà!) nous quittons le grand spectacle, un paysage enchanté, pour rentrer dans l'humble maison où vous êtes apparue un instant comme une étoile. Après-demain je reprends le joug et je rentre en ces endroits sans nom où la comédie est devenue une dévergondée. Elle avait autrefois même un masque; elle est nue... et si laide à voir! J'ai toujours pensé que la comédie et son futile historien mourraient le même jour; seulement j'ai défendu qu'on l'enterrât dans mon tombeau.

Ma femme est là qui me dit: « Prends donc pitié de l'intelligence et des yeux de Mme de Gasparin! » Elle prétend que vous ne sauriez pas lire un mot de cette belle écriture, et pas y comprendre! Elle y joint en même temps sa profonde pitié et ses respects.

Je me rappelle au souvenir de M. de Gasparin, le digne associé de votre gloire et de votre ineffable bonté. Certes, je n'ai pas oublié le petit sous-lieutenant de la *bande du Jura*[1]. Quel doux rire et quels yeux charmants!

Je suis, Madame, avec un grand respect, un homme honoré de vos bontés.

A Madame la comtesse de Gasparin, au Rivage.

Passy, 12 novembre 1867.

NE grondez pas! cessez de froncer votre sourcil olympien! Ce chapitre *innocent* qui vous fâche était écrit uniquement parce que je ne veux pas être un hypocrite. On me disait beaucoup trop : *Sancte J. J., ora pro nobis!* Ça m'a fâché, et, de même que le premier Bonaparte a fusillé le duc d'Enghien dans les fossés de Vincennes, afin de prouver que lui, Bonaparte, il n'était pas un Vendéen (son héritier Napoléon III a moins de scrupules!), j'ai fusillé ma vertu dans le fossé du *Journal des Débats. Hic jacet!* Mais rassurez-vous, elle renaîtra bien vite, et vous me retrouverez dans la même indignation pour les tristes nudités qui ont remplacé chez nous la grâce et le bel esprit. Tant que

---

1. Ma jeune nièce. (*Note de Madame de Gasparin*).

j'aurai l'honneur de tenir une plume, je m'en servirai pour l'honneur et la défense des vertus publiques : c'est mon droit et mon devoir, à condition toutefois que je resterai fidèle à la louange de la belle Hélène et... (voilez-vous la face!) à l'amitié de Lisette. O puritaine! on veut bien vous suivre, on n'ira jamais si loin que vous dans vos chastes sentiers. Cependant, je fais de mon mieux pour vous plaire et pour vous obéir. J'ai sous mes yeux *le Livre*[1] de la puritaine, et je le lirai jusqu'au bout... Mais que c'est difficile à lire, et parfois que c'est invraisemblable et féroce[2]! Il y a des choses superbes, parmi beaucoup d'autres qui ne vont pas jusqu'à mon intelligence, et plus d'une fois, épouvanté, je reviens à mon Horace, à mon sieur Michel de Montaigne. Alors, que je suis à mon aise et content! que le doute a de charme! et quel repos à voir sourire agréablement nos deux endormeurs de la vie humaine!

[1]. Mme de Gasparin avait fait don à J. Janin d'un bel exemplaire des *Saintes Écritures*.

[2]. Ce mot a éveillé les scrupules de Mme de Gasparin. Elle demande si ces apparences d'incrédulité, « que notre ami eût désavouées pour peu qu'on l'eût poussé, doivent rester à l'état fixe, sans un mot pour expliquer, pour atténuer, pour montrer le croyant derrière le liseur de ces deux mélancoliques rieurs : Horace et Montaigne ».

« Mme Janin — ajoute-t-elle — peut seule mettre un *rayon* à travers le nuage; elle seule en a le droit. »

En leur livre ingénu, pas de meurtre et pas de vengeance : un contentement intime, une joie alerte, un beau rêve.... Il faut me pardonner cet invincible penchant de mon esprit et de mon cœur.

Nous relisons en ce moment, ma femme et moi, le manuscrit de mon nouveau livre, intitulé : *Grandeurs et misères de l'écrivain*[1], et sitôt que nous aurons corrigé et collationné toutes choses (il nous faut bien trois mois), ce long discours sera livré à l'imprimeur. Vous en aurez un bel exemplaire sur *papier vélin*, quand vous devriez rire aux éclats, trop heureux si je trouve un peu de grâce à vos yeux pour tant et tant de questions brûlantes qui ne sauraient inquiéter un esprit ferme, absolu et croyant comme le vôtre, heureuse femme, aimable conseillère et grand écrivain !

Je réponds un peu tard à votre éloquente épître. *Un mal qui répand la terreur*, la goutte, et cet autre dont on ne s'inquiète guère, le rhume (on a tort), m'ont tenu par la patte droite et par le larynx.... Pas moyen d'écrire et pas moyen de dicter ! J'en étais réduit à mimer mon discours comme un sourd-muet, et déjà je faisais mes pré-

---

1. Il a paru sous ce titre définitif : *Le Livre*.

paratifs pour devenir l'orateur du gouvernement.

Madame et souveraine, en qui j'ai foi, je vous salue avec tous les respects de mon cœur !

A Madame la comtesse de Gasparin, au Rivage.

Passy, le 26 novembre 1867.

Que vous êtes bonne et combien je suis honteux d'avoir chanté Lisette ! Oui-da, vous seule avez raison, vous marchez dans le droit sentier. Vous voyez clair. Moi, je suis déjà un vieux bonhomme, avec des résistances misérables, des années déclinantes, et quand on me dit : *Vous êtes sage!* on me fait une louange en pleine ironie. Il faut donc se soumettre, et tant mieux si je reste en vos bonnes grâces : je ne saurais plus m'en passer.

Dieu merci, je suis jeune au travail ; chaque jour amène sa peine (comme dit votre *Livre*), et pour ma récompense je vois grandir mon traité des *Misères et grandeurs de l'écrivain*. C'est un sujet superbe ; il touche à toutes les couronnes, à tous les échafauds. Cela s'écrit au feu des bûchers, au bruit des chaînes, et dans le cri des supplices.

Parfois cependant il se fait une éclaircie, et quelques fronts heureux se montrent radieux.

Ce qui m'inquiète en ce moment, c'est de savoir comment ce bel encrier, l'ornement de mon toit domestique, contiendra tant de douleurs dans ses ornements rustiques. La source qui gazouille, l'oiseau qui chante, auront peur de ces plaintes et de ces larmes. Comme ils vont regretter la dame aux *Horizons prochains*, la voyageuse éloquente, et le chef d'une bande où tout est grâce, enjouement, sympathie, amour du pauvre, espoir, contentement d'un honnête et loyal esprit!

Ce bel encrier ne contenait que des élégies; il n'entendra que des malédictions. Tout chantait et gazouillait dans ce fouillis charmant; tout va se lamenter désormais : la chauve-souris, de son aile abominable, heurtera ces mélodies et ces chansons. Soyez cependant la bien remerciée; il est arrivé à bon port, ce bocage où l'encre se cache, à la façon du serpent, sous les fleurs. J'y veux graver le nom poétique et sérieux de ma bienfaitrice, et ce beau nom le sauvera de l'oubli.

L'heure est sombre, et le mal arrive. Il me tient, je lui résiste; il ne saurait m'empêcher de vous écrire. Ah! que c'est illisible en effet, mais vous avez l'intelligence du cœur.

Ma chère femme est là qui s'unit à moi pour

célébrer vos louanges. Elle et moi vous prions d'agréer nos obéissances parfaites et nos profonds respects.

A M. Auguste Dufour, à Saint-Quentin.

Passy, samedi 20 juin 1868.

Certes, mon cher ami, j'écrirai le feuilleton à propos de Mme Edgar Quinet, mais je l'écrirai surtout parce qu'elle a bien parlé de votre digne frère, et parce que je trouve une excellente occasion de rendre toute justice à cet homme éloquent et généreux.

J'ai passé ma vie à raconter les ouvrages d'Edgar Quinet, mon camarade... Il n'a jamais parlé de moi, et pourtant encore aujourd'hui nous courons la même fortune. Il y a bien longtemps que notre camarade Théodose Burette a fait ce petit reproche à l'auteur du *Juif errant*. Mais enfin, à tout péché miséricorde.

Il y a d'ailleurs tant d'énergie, avec un si vif sentiment de la nature, en ces *Mémoires de l'exil*, que ma tâche sera bien facile.

Il faut cependant convenir qu'Edgar Quinet aurait bien pu m'annoncer qu'il avait lu, dans la *Revue moderne* un petit récit intitulé l'*Interné*, où vraiment j'ai donné le branle à ces questions du 2 décembre, dont les conséquences se manifestent si clairement aujourd'hui[1].

Nous allons bien, nous travaillons beaucoup. Nous vous disons, à tous, nos meilleures et nos plus sincères amitiés.

A M. Prisse, à Versailles.

Gaillon, 14 septembre 1868.

Cher maître,

Il nous sera toujours bien agréable de recevoir des lettres d'un esprit et d'un ami tel que vous. Comme il est vrai que nous comptons les uns sur les autres, nous avons le droit de rester toute une année sans nous écrire, mais pas un jour de plus.

Vous voilà donc sous un beau ciel, sur une terre à peu près libre et, j'imagine, en quelque maison fraîche en été, tiède en hiver, vivant et

---

1. Cette véhémente protestation contre le coup d'État fut écrite dans les premiers temps de l'empire; mais aucun libraire français ne voulut la publier. Il y eût, en janvier 1856, des pourparlers avec l'*Illustrated London News*, qui n'osa pas non plus publier l'*Interné*.

régnant en sage au repos. — Certes je suis un homme honoré d'être le plus ancien ami de ce brave homme éloquent entre tous, grand écrivain, vrai libéral. — Quinet est mon plus ancien condisciple, et sa gloire s'est doublée en son exil. — Peu de jours se passent sans que nous parlions de ce héros; tout notre espoir est d'être inscrit quelque jour sur la liste honorable où son nom sera gravé le premier. Mais quoi! je n'aurais jamais imaginé qu'il s'inquiétât d'un futile de mon espèce, et me voilà tout confondu qu'il ait exprimé le désir de lire ce que je fais. — Il n'a jamais lu, que je sache, un peu régulièrement le *Journal des Débats.* Or je suis tout entier dans le *Journal des Débats,* et non dans ces petits livres qu'il regrette et qui sont oubliés au bout de vingt-quatre heures.

Toutefois je viens d'achever un gros livre en deux tomes in-octavo, et je les enverrai à mon vieux condisciple avec le seul travail dont je sois content : la traduction d'Horace. La quatrième édition va paraître, et je l'enverrai à ces deux exilés, la femme et le mari, celle-ci qui vaut celui-là.

Voulez-vous cependant que je vous donne un très-bon conseil? Dans ce pays de Vaud où vous êtes, au village d'Orbes, existe une femme admirable entre toutes, Mme de Gasparin. Frappez à sa porte, et vous la verrez, vous l'entendrez! Je ne puis vous donner une meilleure preuve de mon amitié pour vous.

Ma femme et moi nous vous embrassons de tout notre cœur.

A Madame Ponsard.

Jeudi, 19 août 1869.

A la bonne heure, et voilà une aimable femme qui sait bien ce qu'elle dit! Elle a confiance aux gens qui l'aiment. Pourquoi donc aussi ne vous aimerait-on pas? Vous êtes la plus aimable et la plus honorable du monde; vous portez dignement un grand veuvage, et vous élevez un enfant qui sera le digne héritier d'un vrai poëte. Aussi, sans compter toutes vos belles grâces et votre noble cœur, vous ne manquerez jamais d'amis; seulement, nous espérons que vous n'en trouverez pas de meilleurs, de plus fidèles, de plus dévoués, que vos amis du chalet.

Nous sommes ici[1] encore pour un mois en pleine solitude, entre la verdure et le ciel, menant la même vie, un peu plus laborieuse, parce

1. Aux Rotoirs.

qu'en effet nous ne sommes pas dérangés. Nous rapporterons, tout achevé, un gros livre commencé l'an dernier, et nous nous reposerons à Passy, entourés de nos amis, qui vous laissent la plus belle place.

Il n'y a pas de jour où le nom du petit François ne revienne avec toutes les inflexions de sa voix charmante. Il est dans l'écho de tous les jardins où nous allons.

Et savez-vous pourquoi nous sourions en ce moment? C'est à l'idée de savoir Mme Ponsard cachée en un coin du royaume de M. d'Ennery : le château de *Pontcalec* abritant *le Lion amoureux* et *Charlotte Corday!*

Vos deux amis.

A M. de Bigorie de Laschamps.

Passy, le 26 octobre 1869.

Monsieur,

Vous m'avez fait l'honneur d'une page éloquente[1] ; agréez que je vous en remercie au nom de la double antiquité, notre mère nourrice. Hélas! la voilà morte, et lorsque enfin quelques esprits fidèles auront dis-

[1]. *De la Nécessité des langues mortes comme base de l'éducation littéraire*. In-8. Colmar, 1869.

paru de ce bas monde, il n'y aura plus de refuge : Athènes et Rome auront vécu.

Ne fugite hospitium, neve ignorate Latinos[1].

La faute en est, en grande partie, à ce malheureux M. Fortoul, dont vous parlez avec trop d'indulgence.

Ah! que de fois j'ai répété à son timide successeur, M. Rouland :

Prends ton soc et me romps ce caillou qui te nuit.

Il en avait grande envie; il n'a pas osé renverser cette odieuse bifurcation qui n'a produit des deux parts que des ignorants. Aussi bien, que de fois l'ai-je appelé *l'ami palatin!* C'était le nom que donnait Balzac à son ami Conrart.

J'ai l'honneur d'être, avec un grand respect, votre obéissant et tout dévoué serviteur.

A M. Camille Doucet.

6 décembre 1869.

Cher maître,

Accordez-moi, pour mes étrennes, une douzaine de louis. — Tant que cela?... Tant que cela!

Nous avons faim! nous avons froid! notre

1. *Æn.*, VII, 202.

engagement va finir au Vaudeville! enfin nous sommes en prière à l'Académie

Hâtez-vous! nous ne savons que faire et que devenir!

Nous nous appelons la veuve et les orphelines Legrand[1]; nous logeons encore par charité au n° 99 de la rue de Richelieu.

Votre obéissant, reconnaissant et tout dévoué.

A M. E. L.

Mars 1870.

Mon cher patron,

Si vous saviez quel trouble ont porté vos bonnes paroles dans mon humble logis! Je ne vois plus que visites à faire, interrogations, négations, conditions, remontrances, conseils, reproches peut-être, avec des *si* et des *mais* suspendus sur ma tête innocente, et puis des : C'est trop tôt! C'est trop tard! Repassez demain! Nous verrons! Nous relisons! Nous ne lisons pas! Six semaines à perdre en ces pages muettes! Mon livre arrêté, mille doutes à propos de la moindre page! Un blackboulage immense, et puis le rejet aux coups d'épingle...

---

1. Mlles Eugénie Legrand.

Eh! voici le printemps, le soleil, l'heure où tout parle, où tout chante, où la Muse est chair, et je réimprime *Horace* de nouveau. Quoi de plus rare et de plus charmant, et serais-je assez maladroit si j'en voulais davantage!

Ainsi, je vous prie, je vous supplie! Il faut renoncer à vos projets, dont je me souviendrai toute ma vie, avec toutes les grâces d'un cœur reconnaissant. Je suis content du peu que j'ai! Cela me vient sans trouble et sans peine. A coup sûr j'y perds un rare et splendide ornement; j'y gagne un grand repos, un bon sommeil.

A Madame Ponsard.

Aux Rotoirs, vendredi 15 avril 1870.

Mais, chère enfant, nous vous aimons et nous vous honorons de tout notre cœur. Nous vous avons tout de suite aimée en vous voyant adopter ce grand poëte, si pauvre et si malheureux, sans vous inquiéter des hasards que vous alliez courir. Nous vous honorons, vous ayant vue à l'œuvre, acceptant courageusement cette tâche ingrate et fermant les yeux de ce martyr. Pas une louange que vous ne méritiez; et pensez donc si nous serions chagrins, vous voyant mettre en doute un seul instant les meilleurs sentiments de deux amis qui vous regarderont toujours comme une personne de leur famille !

Ayez donc bon courage et chassez ces tristes idées. En toute occasion comptez sur nous, sur notre affection dévouée et qui ne vous manquera pas.

Il est vrai que parfois nous ne sommes pas très-obéissants aux lois du monde, et qu'une visite à rendre est une grosse affaire pour des gens qui travaillent tout le jour et tous les jours. Mais sitôt que vous frappez à notre porte, avec quelle joie elle est ouverte, et comme on s'empresse autour de vous, maîtres et serviteurs, jusqu'au petit chien qui reconnaît le petit Ponsard !

Non, jamais vous ne serez chez vous mieux reçue et plus fêtée que chez vos amis du chalet.

Pensez à cela, chère amie, et ne nous faites plus le chagrin de nous dire que nous ne vous aimons pas.

Nous vous embrassons de tout notre cœur, vous et le charmant enfant.

Vos deux amis.

A Madame la comtesse de Gasparin.

Passy, mardi (mai 1870).

Madame l'immortelle! et votre immortalité vaut bien la nôtre!

Agréez que je vous remercie, et que je vous envoie une nouvelle déclaration. J'avais déjà un pied dans l'étrier (c'est un mot de Michel Cervantes deux jours avant sa mort) quand votre aimable lettre est venue, et Dieu sait si nous en avons frémi, vous voyant exposée, ô chef d'une bande irrésistible! à la bande des brigands du mont Saint-Angelo, le bien nommé! Certes, s'ils avaient eu la chance heureuse de s'emparer de l'aimable femme et du plus grand écrivain de notre âge, leur fortune était faite. Ah! quelle opulente rançon pour Mme de Gasparin! Ma femme eût donné sa plus grande *parure*, la parure génoise, et moi mon plus bel encrier!

Mais enfin, Dieu soit loué! nous n'avons rien entendu raconter de la montagne des Saints-Anges! S'il y avait eu un ange de plus, quoique huguenot, quel tapage dans toute l'Europe catholique! Enfin, Dieu merci, vous voilà saine et sauve, et le prochain hiver, Madame, ayant taillé sa belle plume, écrira quelque nouveau livre où brillera ce grand esprit, sympathique à toutes les misères, plein de charme et de consolation.

Cependant nous avons reçu, par un soleil tropical, c'est-à-dire au bon moment, ces fruits des Hespérides à rendre Atalante jalouse. Il est écrit des bons arbres et des belles mains dans le saint livre que vous m'avez donné : *Vous les reconnaîtrez à leurs fruits.*

Agréez, Madame, avec bonté, les plus tendres amitiés de ma chère femme, et les respects dévoués de son mari.

A M. Gustave Cahen, à Rouen.

Aux Rotoirs (Gaillon), le 4 mars 1871.

Très-fidèle et constant lecteur,

JE vous remercie encore une fois de toutes vos grâces. Depuis le commencement de ces hontes et de ces misères, je suis resté votre voisin. J'ai passé ce triste hiver aux Rotoirs; je voyais passer chaque jour l'homme et le cheval ennemi allant en réquisition. Que c'est triste, l'exil loin de Paris! Pas un bruit qui vienne de votre maison ; pas un ami qui se rappelle à votre souvenir :

> Il ne voit que la nuit, n'entend que le silence !

La maladie était ma seule distraction. Cependant je travaillais. Avec l'aide et l'appui de ma chère et vaillante femme, j'écrivais huit ou dix feuilletons, et mon discours de réception à l'Académie. Ainsi, je ne serai pas pris au dépourvu, et je pourrai témoigner de toutes mes répulsions. Cette paix coûte cher, mais nous voilà débarrassés du Bonaparte, et c'est une grosse aventure.

Agréez, mon cher maître, toutes mes amitiés. Si près l'un de l'autre, il faudra bien que vous veniez me voir aussitôt que nous pourrons chanter l'air de *Guillaume Tell* :

> D'Altorf les chemins sont ouverts !

Bonjour donc. Je ne puis plus écrire, et cependant j'ai tenu à vous envoyer cette preuve authentique de mon attachement.

Votre obéissant et tout dévoué.

A M. le colonel du génie Rittier.

Les Rotoirs, mardi 15 mars 1871.

Mon cher cousin,

Nous n'avons pas reçu une seule de tes lettres : on dirait vraiment que nous avons été signalés à cette infâme poste prussienne, et que ces messieurs n'ont pas voulu nous laisser cette consolation!

Maintenant, tout va beaucoup mieux; nous envoyons des lettres et nous recevons des réponses. C'est à peu près comme autrefois, avec ce fonds de honte et de chagrin répandu sur toute la surface de la France. Ah! mon cher ami! qui reconnaîtrait dans cette nation décapitée la première nation militaire de l'Europe? et que je comprends donc bien ton chagrin, te voyant violemment séparé de ta chère patrie! O malheureux pays messin! Il me semble aussi que nous perdons notre illustre aïeul, M. le maréchal de Bassompierre, et qu'il serait mort de douleur.

J'ai su tout de suite que ton gendre avait été blessé, et que ta chère fille l'avait suivi, aussi dévouée et vaillante que sa noble mère. Mais nous aurions voulu savoir quel grade et quel emploi tu tenais dans cette horrible guerre, et maintenant ce que tu deviens dans la grande famille de ces soldats désespérés? C'est un récit que tu nous dois, quand tu viendras nous rejoindre à Paris. On a tant besoin de se compter, de se retrouver, de s'interroger l'un l'autre!

Je suis rentré au *Journal des Débats*... Ne faut-il pas réparer quelques-unes de ces pertes cruelles et se mettre en mesure de payer sa part de tant de milliards?

Mon cher ami! toi que ma mère aimait tant, comme un héritier de son nom, nous nous rappelons, ma femme et moi, à tes meilleurs souvenirs, et nous vous embrassons tous les trois de tout notre cœur.

A Madame Ponsard, à Asnelle-sur-Mer.

5 septembre 1871.

Chère absente,

COMMENT donc avez-vous su dans ces déserts que j'avais parlé de Ponsard? Mais vous saviez bien que je ne laisserais point passer cette occasion nouvelle de célébrer la gloire et le malheur de notre ami. Justement, ma femme et moi nous avions relu vos chères lettres, les premières confidences de vos jeunes amours, et retrouvant dans ces papiers funèbres la lettre de M. Loulou, je me suis permis de l'imprimer toute vive. Alors Dieu sait le bruit et le succès de *François II!* Sa lettre a reparu dans tous les journaux qui sont encore touchés de l'esprit et du talent. Rarement nous avons assisté à pareille fête, et voici qu'un éditeur intelligent me demande un petit tome intitulé *Ponsard*, pour faire suite à mes deux plaquettes sur Lamartine et ce brave Alexandre Dumas[1]. J'ai répondu que je voulais bien, et pas plus tard que demain nous nous mettrons à l'œuvre avec cette ardeur quasi folle qui me restera, je l'espère, jusqu'à la fin.

Comme pour Lamartine et Dumas, nous ferons graver un beau portrait de notre ami Ponsard. Quand vous reviendrez de ces déserts, fraîche et belle, et toute semblable à la nouvelle épousée d'autrefois, Dieu sait si nous serons contents de vous recevoir, ma femme et moi! Elle s'en va rejoindre aux Rotoirs, non loin du Calvados, son brave homme de père; moi je reste rivé au feuilleton, pour parler comme la proposition Rivet.

Bonjour, Madame la paysanne! Nous vous embrassons de tout notre cœur.

---

1. Les trois plaquettes : *Lamartine, Dumas, Ponsard*, ont été publiées par D. Jouaust, avec portraits gravés par Flameng.

A M. Saint-René Taillandier[1], à Paris.

Passy, le 27 janvier 1872.

PERMETTEZ que je m'adresse à toutes vos bontés, au nom de mon ancien camarade Mary-Lafon. Il était naguère un homme heureux; il gouvernait, en véritable ami des livres, la bibliothèque de Montauban, qu'il avait faite pleine d'ordre et de clarté. La révolution a chassé hors de ses livres ce galant homme, dérangeant une vie assez bien faite. Alors ont commencé pour Mary-Lafon tous les supplices de la petite ville. Il devint la proie et la victime de ces petits bourreaux qui persécutent à plaisir les gens bien élevés, les esprits distingués, et surtout les malheureux à qui les puissants de ce bas monde et les tyrans du conseil municipal ont fait une injustice. A voir se déchaîner tant de méchancetés contre un digne homme entouré si longtemps de considération et de respect, on croirait volontiers qu'il fut un des séides, un des protégés du second empereur. Il est innocent, je vous l'affirme, et complétement, de ces mauvaises conduites. Cependant, à l'heure qu'il est, la presse

---

1. Secrétaire général du ministère de l'instruction publique.

radicale de Montauban le traîne aux gémonies, et sa jeune femme est bien malheureuse en lisant chaque matin toutes ces insultes.

Monsieur, il y a là, je vous l'atteste, une injustice à réparer. Nous ne pouvons laisser sans aide et sans protection l'un des meilleurs écrivains de la génération présente, et lorsqu'il implore un peu de charité d'un homme tel que vous, il faut nécessairement qu'on l'écoute! Il a d'ailleurs, pour plaider sa cause si légitime, une jeune femme intéressante au degré suprême. Elle relève à peine d'une longue fièvre qu'elle a gagnée, hélas! à courir après la récompense avare de ce même Institut qui tant de fois a couronné les travaux de son mari, et qui ne lui donne même pas une voix pour l'admettre en sa compagnie! Ah! si vous saviez comme je les sais le zèle et les mérites de ce lettré, vous lui chercheriez un modeste emploi quelque part. Il est bon à tant de choses! Il tiendrait si bien sa place aux Archives, dans les bureaux de l'Instruction publique, au *Journal des Savants*, ou dans quelque bibliothèque, où toutes les portes devraient s'ouvrir à son nom seul!

Je vous en prie, écoutez sa prière et la mienne. Ayez pitié de sa jeune femme! Arrachez cet infortuné à son supplice de tous les jours, faites-le vivre enfin! D'ailleurs, il n'est pas si pauvre qu'il ne puisse, avec un peu de bonheur, suffire aux devoirs d'un galant homme.

A M. Patrice Salin, à Paris.

Passy, 1er novembre 1872.

Voulez-vous que celui qui veut connaître en bloc toutes les misères humaines se voie enfin contraint de vendre ses livres! *Bibliothecam vendat!* s'écriait Joseph Scaliger. C'était l'opinion de M. de Thou et du savant Huet, évêque d'Avranches. Furetière n'avait pas d'autre souci; Érasme et Jérôme Cardan n'auraient pas inventé de plus grand supplice.

Hélas! nous sommes tout à fait de l'avis de ces grands savants; nous ne savons rien de plus triste et de plus malheureux que ce dépouillement avant la mort, sinon cette misère sans nom de voir ces livres malheureux tomber en prise aux barbares, aux sauvages, aux terroristes ennemis des livres, bons tout au plus à faire un peu de flamme!

En effet, vous devez être un homme à plaindre, et maintenant que vous rappelez à loisir tant de pertes cruelles, irréparables et dignes des cannibales[1], je vous plains, mon cher confrère, plus que je ne saurais dire, et je garde avec soin vos plaintes si touchantes. Il faudrait cependant vous consoler de cette immense ruine, et ne pas vous abandonner au sentiment de ces profondes misères. Faisons pour nos livres ce que nous ferions pour un fils unique : « Il était si beau, si charmant et si souriant à mon sourire ! Un Dieu me l'avait donné, voici maintenant qu'un Dieu me prive de cet enfant si précieux et si rare... O mon fils, que de pleurs tu coûtes à ton père ! » « Enfin, disait un sage, à quoi donc me servirait d'avoir tant aimé les livres, s'ils ne m'avaient pas enseigné à m'en passer dans les mauvais jours ? »

Moi-même, il s'en est fallu de si peu que je n'aie été dépouillé, par ces monstres, de ces bonheurs charmants de la vie heureuse ! Ils me représentaient ma gloire et ma fortune ; ils étaient ma joie et mon orgueil, ils souriaient à ma présence, ils apaisaient ma fièvre ; au premier ordre ils accouraient m'apporter le courage et la consolation ; ils étaient pour moi le doute et la croyance. « Heureux, disait le père Bouhours, celui qui sait douter et croire en écrivant ! »

Un Dieu m'a tiré de ce péril. Déjà la flamme et

---

1. M. Salin a raconté la perte de ses livres, brûlés dans l'incendie du Conseil d'État, dans son livre *Un Coin du tableau*.

la torche étaient prêtes et mes livres allaient *la danser*, disaient les pétroleurs et les pétroleuses...
— Ah! brigands, modérez votre joie, apaisez vos blasphèmes et portez à nos ennemis ces perfidies et ces mensonges! Alors, j'ai rassuré de mon mieux ces amis de toute ma vie, et j'ai rappelé sur mes rayons rassérénés les œuvres bienveillantes.

Voici comment je fus sauvé du désespoir suprême.

Ainsi, cher maître, il ne faut pas vous abandonner à ces misères que vous n'aviez pas prévues. C'est ma faute, et c'est ma faute, et ma très-grande faute! Voilà le désespoir, quand on se rend justice à soi-même; oui, mais quand la faute en est seulement à la perversité des hommes, à leur ignorance, appelons à notre aide nos anciens respects, et félicitons-nous.

Je suis, avec la plus grande sympathie, un ami tout dévoué.

A M. Arsène Houssaye.

2 janvier 1873.

Mon cher ami,

C'EST affaire à vous de réveiller dans leur tombeau les braves gens qui dorment depuis longtemps. Pensez donc si nous nous estimons heureux d'avoir retrouvé ce bon

Troyen pour donner la forme et la vie au temps passé. Quand vous le verrez, vous lui rendrez grâces de son bon souvenir et de sa fidélité à notre ami Arsène Houssaye. Il accomplissait ce jour-là une œuvre charmante en vrai maître. Nous nous mettons de moitié dans cette illustre tâche. Ici, la dame de céans vous dit bonjour, et moi, qui partage tous ses sentiments, je puis vous assurer qu'elle est bien contente des métamorphoses contenues dans le petit coin de gazon.

Saviez-vous donc que j'avais obtenu de la bonté du Ciel une seconde édition du *Neveu de Rameau?* c'est un livre que j'ai bien aimé et que j'aime encore en souvenir des louanges que mes amis m'en ont dites, naturellement.

Je vous ai gardé un bel exemplaire, où je veux raconter que M. Michel Lévy, considérant que j'avais fait un bon livre, a refusé d'en faire une seconde édition. L'honneur en revient tout entier à M. Dentu. *Dis-moi qui tu hantes, je te dirai qui tu es.*

Je dirai à Dentu qu'il est un homme juste, hardi et bien élevé.

INDEX DES NOMS

CITÉS DANS LA CORRESPONDANCE.

Les chiffres indiquent les pages où se trouvent les noms cités.

Abélard. 47.
Albe (le duc d'). 115.
Allan (Mme). 90.
Ambroise (Saint). 31.
Ampère. 264.
Amyot, libraire. 79.
André (Edmond). 185.
Apulée. 47.
Arago. 68.
Aristote. 39.
Arnauld. 33.
Aubry (Auguste). 192.
Augier (Émile). 127.
Augustin (Saint). 31, 42.
Aumale (le duc d'). 180, 181.
Autran (Joseph). 248, 252, 253, 264.
Azémar (le colonel d'). 85, 151.

Bacciochi. 168.
Balzac. 128.
Barante (de). 249.
Baour-Lormian. 88, 132.

Baroche. 195.
Barthélemy. 139.
Bawr (Mme de). 191.
Bazile (Saint). 42.
Bédard. 11.
Belgiojoso (Princesse). 73.
Belmontet. 116.
Béranger. 67, 121.
Bérard (Mme). 190.
Béraud. 162.
Berry (Duc de). 66.
Berryer. 62, 265.
Bertin (Armand). 120, 191.
Berton (Mme). 72.
Bichoffsheim (B...). 145, 200.
Bignan. 13.
Bigorie de Laschamps. 290.
Bineau. 116.
Blanc (Charles). 180.
Blunt (Mme). 224, 234.
Boileau. 12, 43.
Boitard. 2.
Bonaparte. 112, 281.

Bonaparte (Louis). 229, 265, 281.
Bonivard. 164.
Bossuet. 31, 42, 43, 60.
Bouchot. 201.
Boulay-Paty (Évariste). 261.
Broglie (le duc de). 252.
Brohan (Augustine). 86.
Buloz (Mme). 191.
Burette (Théodose). 286.
Burnouf. 5.

Cadet, de Metz. 3.
Cahen (Gustave). 271, 297.
Cambot (l'abbé). 27, 28.
Carné (le comte de). 252.
Carington (lord). 102, 111.
Castil-Blaze. 192.
Caussidière. 92.
Celse. 44.
Césena (Amédée de). 132.
Chabrillan (Mme de). 224.
Charguéraud. 57.
Charles X. 213.
Charton (Mlle). 257.
Chateaubriand. 103.
Cherbuliez. 193, 194.
Chéri (Rose). 80, 276.
Chesnel. 147.
Cicéron. 42, 100.
Claretie (Jules). 179, 277.
Coignet. 13.
Colbert. 106.
Colonjon (Mme). 17.
Colonjon (Mme Émile). 160.
Colonjon (Mlle Camille). 14.
Combalot (l'abbé). 60, 63.
Condillac. 39.
Conrart. 192.
Corneille (Pierre). 43, 130.
Cuvier. 66.
Cuvilier-Fleury. 262, 264.

Dante (Le). 42, 43.
Darbois (Mgr). 235.
Dardelet. 259.
Daru (le comte). 2.
Davelouis. 198.
David d'Angers. 238.
Delavigne (Casimir). 12.
Demante. 3.
Demidoff (le comte Anatole). 106.
Démosthène. 42.
Dennery. 290.
Dentu. 306.
Deslions (Mlle Anna). 195.
Desmazes (le conseiller). 268.
Diderot. 58.
Doche (Mme). 91.
Dorval (Mme). 276.
Doucet (Camille). 224, 252, 291.
Dubois. 158.
Ducaurroy. 2, 16.
Dufour (Auguste). 205, 211, 220, 222, 226, 230, 239, 257, 260, 274, 286.
Dufour (Théophile). 203, 222.
Dumas (Adolphe). 201.
Dumas (Alexandre). 300.
Dupin aîné. 60, 68, 248.

Edmond (Charles). 154.
Egmont (le comte d'). 115.
Érasme. 47.
Eschyle. 42.
Eissautier. 21.
Étienne. 185.
Euripide. 42.

Fabre (Ad.). 126, 135.
Fage (Émile). 224.
Falloux (le comte de). 186, 201, 210, 236, 239, 240, 256.

INDEX DES NOMS.

Favre (le commandant). 23.
Fénélon. 33, 43.
Feuillet (Octave), 252.
Fillion. 129.
Fleury (l'abbé). 43.
Flocon. 92.
Fortoul (Hipp.). 291.
Fould (Achille). 142.
Froment. 164.

Gagnière (Mme). 44.
Galitzin (le prince Augustin). 186, 201, 236, 240, 247, 264.
Gallois (de). 48.
Garibaldi. 183.
Garnier-Pagès. 69.
Gasparin (Mme la comtesse de). 196, 278, 289, 296.
Gay (Mme Sophie). 116.
Gaymard. 23.
Geoffroy (l'abbé). 112.
Gérard (le baron). 73.
Gérentet (Mme). 20.
Girardin (Émile de). 154.
Giraud (Charles). 23.
Giraud (Eugène). 24.
Gondrecourt (le colonel de). 85.
Gozlan (Léon). 168.
Grégoire (Saint). 31, 42.
Grégoire VII. 59.
Guénaud de Mussy (le docteur). 183.
Guillard (Léon). 91.
Guillon (l'abbé). 4.
Guillou (Mme). 13.
Guizot (Franç.). 38, 73, 242, 249, 252, 257, 364.

Hachette. 183.
Harmet. 128.

Harpe (La). 12.
Hélie. 146.
Hérodote. 42.
Hetzel. 144, 145, 185, 277.
Homère. 32, 42, 84.
Horace. 1, 5, 42, 47.
Horn (le comte de). 115.
Houssaye (Arsène). 30, 75, 77, 306.
Huet Mlle Adèle). 35.
Hugo (Victor). 114, 117, 158, 173, 217, 243.
Hugo (Mme Victor). 121, 267.

Isambert. 60.

Janin (l'abbé Constant). 31, 249
Janin (Mlle Camille). 94, 169, 177, 181, 215.
Janin (Clément). 214, 254, 269.
Janin (Mme Jules). 78.
Janin (Sébastien). 5, 37, 58, 64, 72.
Jean Chrysostome (Saint). 31, 42.
Jérôme (Saint). 31.
Joanne (Mme). 182.
Jouvin (B.). 138.
Jubinal (Achille). 115.
Judith (Mlle). 91.
Jules César. 42.
Julie. 83. 182, 189, 237, 257.
Juvénal. 47.
Juvisy (de). 89.

Kontski (Charles de). 72.

Lachèse (Ad.). 170, 209, 219 228, 231, 237, 238, 244, 255.
Lacordaire (le P.). 256.

Lacretelle (Ch. de). 99, 109, 113, 119, 129.
Lacretelle (Mme de). 119, 122, 129.
Lafayette (le général). 66, 69.
Laffitte. 64.
Lafon (Mary). 301.
Lahure. 185, 187.
Lamartine (A. de). 12, 35, 42, 116, 117, 300.
Lamarque (le général). 69.
Lamazou (l'abbé). 234.
Lambert (le président). 261.
Laplace, 1, 15, 215.
Laromiguière. 39.
Latour. 230.
Latour de Varan. 54.
Laurentie. 140.
Ledru-Rollin. 92, 249.
Lefort (Mme Annette). 26, 28.
Lefranc de Pompignan. 136.
Legouvé (Ernest). 168, 292.
Legrand (Mlle). 292.
Lemoinne (John). 239.
Léopold Ier. 80.
Leverrier. 81 et suiv.
Lévy (Michel). 124, 143, 306.
Ligne (le prince de). 80.
Limayrac (Paulin). 154.
Liszt. 72.
Lockroy. 92.
Louis XIV. 32, 43, 106, 132.
Louis XV. 58.
Louis XVI. 133.
Louis XVIII. 1.
Louis-Philippe. 52, 62, 197, 213.
Louvel. 66.
Lucas de Montigny. 23, 175.
Lumley. 104.

Maistre (Joseph de). 31.
Manuel. 69.

Mars (Mlle). 275.
Martin (N.). 155, 243.
Marx (le docteur). 183, 200.
Massillon. 33, 43.
Médicis (les). 42.
Meissonier. 128, 262.
Menessier-Nodier (Mme). 266, 272, 273.
Ménière (le docteur). 101, 144, 156, 166, 171, 183, 189, 199, 206, 208, 212, 220, 228, 232, 237, 255.
Mérimée (Prosper). 252.
Mesnard (le président). 148.
Meyerbeer. 145.
Michalowski (le docteur). 20, 24.
Michaud. 139.
Michelet. 38.
Mirabeau. 58.
Mittchell. 80, 104.
Molière. 43, 130.
Montaigne. 38, 43.
Montalembert (le comte de). 193, 247, 249.
Monteil (Alexis). 38, 57, 269.
Montesquieu. 43.
Moore (Edmond). 259.
Moreau (Georges). 180.

Nadaud de Buffon. 187.
Napoléon. 32, 132.
Nathalie (Mlle). 88.
Newton. 81.
Nicole. 33.
Nodier (Charles). 71, 267.

Offenbach (Jacques). 201.
Orfila (Mme). 255.
Orfila (Louis). 189, 208.
Orléans (le duc d'). 66.
Ossian. 132.

INDEX DES NOMS.

Pagnini (Signor. 107.
Panckoucke. 9.
Pascal. 33, 43.
Patin. 252.
Peillon. 22.
Pépa-Vargas (la). 146.
Perier (Casimir). 66.
Perrin (Louis). 202.
Petit-Jean. 10.
Piedagnel (Alex.). 147.
Pindare. 42.
Platon. 39.
Plessy (Mme Arnoult-). 276.
Plumkett-Johnston. 158.
Polignac (le prince de). 140.
Pongerville (de). 252.
Ponsard (François). 121, 122, 126, 128, 129, 138, 246, 250, 252.
Ponsard (Mme). 253, 290, 294. 302.
Pontmartin (comte de). 225.
Poupar. 22.
Prevost-Paradol. 217.
Prisse. 287.
Pyat (Félix). 173.

Quinet (Edgard). 157, 216, 286, 288.
Quinet (Mme). 286.

Rachel. 30, 92, 95.
Racine. 33, 43.
Rahoult (Diodore). 259, 262.
Ratisbonne (Louis). 165.
Rébecca Félix (Mlle). 141.
Rémusat (Ch. de). 116, 121, 242.
Révilliod (Gustave). 163, 172, 192, 265, 299.

Reynaud (Charles). 122 et suiv., 126, 134.
Reynaud (Mme). 125.
Richard Wagner. 197.
Ricourt (Achille) 251.
Rigolboche. 195.
Rittier (le colonel). 133, 300.
Rive (de la). 165, 194.
Romieu. 121.
Rothschild (Mme la baronne de). 252.
Rouland. 292.
Rousseau. 12.
Rousseau (J. J.). 38, 47, 226, 230.

Sablière (Mme de la). 73.
Sainte-Beuve. 131, 168.
Saint-Marc-Girardin. 242, 256, 265.
Salin (Patrice). 305.
Salvandy (de). 83.
Scaliger. 195.
Scholl (Aurélien). 207.
Sébastiani (le maréchal). 66.
Ségur (le comte de). 249.
Sénéchal (Mme). 22.
Sénèque. 112.
Sévigné (Mme de). 43.
Silvestre de Sacy. 265.
Sontag (Henriette). 93.
Sophocle. 42.
Soulary (Josephin). 13.
Soulié (Frédéric). 108.
Svetchine (Mme). 240, 257, 261.

Tacite. 12, 42, 110.
Talleyrand (de). 222.
Térence. 47.

Thierry (Augustin). 38, 73.
Thiers. 67, 73, 116, 173, 194, 248, 252, 253, 264.
Tite-Live. 42.
Trousseau (le docteur). 153, 168, 183.
Turenne. 67.

Vernier (Valéry). 198.
Vendôme (le duc de). 133.
Verdun (Mme). 8, 13.

Véron (docteur Louis). 115, 126, 129, 131.
Viennet. 131, 168.
Vigny (Alfred de). 164.
Villemain. 9, 38, 52, 194, 265.
Villemessant (de). 138, 275.
Viret. 164.
Virgile. 5.
Voltaire. 37, 58.

Xénophon. 42.

TABLE

DES

LETTRES CONTENUES DANS CE VOLUME.

	Pages
A M. Alexandre Laplace, à Dax.	1
A M. Sébastien Janin, élève du collége royal, à Lyon.	5
A Mlle Camille Colonjon, à Saint-Pierre-de-Bœuf.	14
A. M. Al. Laplace	15
A Mme Colonjon, à Saint-Pierre-de-Bœuf	17
A M. le Dr F. Michalowski, à Saint-Étienne.	20
A M. Eissautier, à Marseille	21
A M. Lucas, de Montigny.	23
A M. le Dr Michalowski	24
A Mme Annette Lefort	26
A la même	28
A M. Arsène Houssaye	30
A M. Constant Janin, à Evreux	31
A M. de Lamartine.	35
A M. Sébastien Janin	37
A M. de Latour de Varan, à Saint-Étienne.	54
A M. Charguéraud, au château de Cély	57
A M. Sébastien Janin, à Saint-Étienne.	58
Au même	64
Au même	70
A M. Arsène Houssaye	75
Au même	77
A Mme Jules Janin	78
A M. le colonel d'Azémar.	85
A Mlle Aug. Brohan.	86

TABLE DES LETTRES.

	Pages
A Mlle Rachel	87
A M. Léon Guillard, à Montpellier	91
A Mlle Camille Janin, à Saint-Étienne	94
A Mlle Rachel Félix	96
A M. Ch. de Lacretelle, à Mâcon	99
Au Dr P. Ménière, à Paris	101
A M. Anatole Demidoff	106
A M. Ch. de Lacretelle, à Bel-Air	109
Au même	113
Au même	119
A M. François Ponsard	122
A M. Ad. Fabre, à Vienne	126
A M. Ch. de Lacretelle, à Mâcon	129
A M. le capitaine Rittier, à Béthune	133
A M. Ad. Fabre, à Vienne	135
A MM. Jouvin et de Villemessant	138
A Mlle Rachel	141
Au Dr P. Ménière, à Paris	144
A M. Alexandre Piédagnel, à Cherbourg	147
A M. le président Mesnard	148
A M. le colonel d'Azémar	151
A M. Émile de Girardin	154
A M. N. Martin, à Calais	155
A M. le Dr P. Ménière, à Paris	156
A Mme Emile Colonjon, à Saint-Pierre-de-Bœuf	160
A M. Gustave Révilliod, à Genève	163
A M. Louis Ratisbonne	165
A M. le Dr Ménière, à Paris	166
A Mlle Camille Janin, à Saint-Étienne	169
A M. Ad. Lachèse, à Angers	170
A M. Gustave Révilliod, à Genève	172
A M. Thiers, à Paris	173
A M. Lucas de Montigny, à Mirabeau	175
A Mlle Camille Janin, à Saint-Étienne	177
A M. Jules Claretie	179
A Mlle Camille Janin, à Saint-Étienne	181
A M. le Dr P. Ménière, à Paris	183
A M. le prince Augustin Galitzin	186
A M. H. Nadault de Buffon	187
A M. Louis Orfila	189

TABLE DES LETTRES.

Pages

A Mme Buloz-Blaze 191
A M. Gustave Révilliod, à Genève 192
A Mme la comtesse de Gasparin, au Rivage. . . . 196
A M. Valery Vernier 198
A M. le Dr P. Ménière, à Paris 199
A M. le prince Aug. Galitzin. 201
A M. Théophile Dufour, à Saint-Quentin 203
A M. Aug. Dufour, à Saint-Quentin 205
A M. le Dr P. Ménière, à Paris. 206
A M. Aurélien Scholl. 207
A M. Louis Orfila. 208
A M. Ad. Lachèse, à Angers 209
A M. Aug. Dufour, à Saint-Quentin 211
A M. Clément Janin, à Dijon 214
A M. Edgard Quinet, à Veytaux 216
A M. Ad. Lachèse, à Angers 219
A M. Aug. Dufour, à Saint-Quentin 220
Au même 222
A M. Camille Doucet. 224
A M. Emile Fage, à Tulle 224
A M. Aug. Dufour, à Saint-Quentin 226
A M. Ad. Lachèse, à Angers 228
A M. Aug. Dufour, à Saint-Quentin. 230
A M. Ad. Lachèse, à Angers 231
A M. l'abbé Lamazon, à Paris 234
Au prince Galitzin 236
A M. Ad. Lachèse, à Angers. 237
Au même 238
A M. Aug. Dufour, à Saint-Quentin 239
Au prince Galitzin 240
A M. N. Martin. 243
A M. Ad. Lachèse, à Angers 244
A M. F. Ponsard, au Tréport. 246
Au prince Galitzin 247
A M. et Mme F. Ponsard, au Tréport. 250
A M. F. Ponsard 252
A M. Clément Janin, à Dijon. 254
A M. Prisse, à Versailles 254
A M. Ad. Lachèse, à Angers 255
A M. Camille Doucet, à Paris 256

	Pages
A M. Aug. Dufour, à Saint-Quentin.	257
A M. Diodore Rahoult, à Grenoble.	259
A M. Aug. Dufour, à Saint-Quentin	260
A M. Eug. Lambert, président à la cour de Rennes.	261
A M. Diodore Rahoult, à Grenoble.	262
Au prince Galitzin	264
A M. Gust. Révilliod, à Genève.	265
A Mme Mennessier-Nodier.	266
A M. le conseiller Ch. Desmazes	268
A M. Clément Janin, à Dijon.	269
A M. Gust. Cahen, à Saint-Étienne.	271
A Mme Mennessier-Nodier.	272
A la même	273
A M. Aug. Dufour, à Saint-Quentin	274
A M. le rédacteur du *Figaro*	275
A Mme la comtesse de Gasparin, au Rivage	278
A la même	281
A la même	284
A M. Aug. Dufour, à Saint-Quentin	286
A M. Prisse, à Versailles	287
A Mme Ponsard	289
A M. de Bigorie de Laschamps.	290
A M. Camille Doucet	291
A M. E. L.	292
A Mme Ponsard	293
A Mme la comtesse de Gasparin.	295
A M. Gustave Cahen, à Rouen	296
A M. le colonel Rittier	298
A Mme Ponsard, à Asnelle-sur-Mer.	299
A M. Saint-René Taillandier.	301
A M. Patrice Salin, à Paris.	303
A M. Arsène Houssaye	305
INDEX DES NOMS CITÉS.	307

5238 — Paris, imprimerie Jouaust, rue Saint-Honoré, 338.

www.ingramcontent.com/pod-product-compliance
Lightning Source LLC
Chambersburg PA
CBHW071257160426
43196CB00009B/1319